ACCORD
DE LA FOI
AVEC LA RAISON.

TROISIÉME PARTIE.

ACCORD DE LA FOI AVEC LA RAISON.

CHAPITRE PREMIER.

Rapport des plus anciens Historiens Payens avec les Écrivains sacrés.

SI nous recherchons avec soin ce qui est rapporté de la création du monde, nous verrons dans les frag-mens qui nous restent des anciens Historiens, les rapports les plus sensibles avec ce qui est en dit dans l'Ecriture (a). Sanchoniaton qui vivoit, suivant Porphire, du tems de Semiramis, & qui avoit compilé les anciens Historiens Phéniciens, parle du cahos ou d'un air ténèbreux qui avoit précédé la naissance du monde. Moyse nous représente de même ces ténèbres avant que la lumière fut produite : *& tenebræ erant super faciem abyssi.* L'Auteur Phénicien nous montre ensuite une essence spirituelle, existante de toute éternité, & donnant la forme & l'action à la matière. Il nous dit que l'univers étoit d'abord dans le limon comme dans un œuf, image absolument semblable à celle de Moyse, qui nous représente l'action de l'esprit sur la matière, sous la forme d'une poule qui s'excite à la production. Macrobe dans ses Saturnales, Linus, les vers Orphiques nous donnent le même emblême du monde. Enfin l'Auteur Phénicien expose comme Moyse, la création de la lumière

(a) *Eus. prep. Evang. Liv. 1. Chap. 10.*

avant celle du ſoleil, circonſtance remarquable, & vérité d'un caractère ſi ſingulier, qu'il eſt bien difficile que les hommes aient pû l'apprendre que par le ſecours d'une tradition conſtante depuis l'origine du monde.

La ſeparation des eaux & de la terre, eſt mentionnée dans Phérecides qui avoit appris cette tradition des Syriens, & dans Anaximander. Linus & Anaxagore ont enſeigné, qu'*au commencement tout étoit mêlé & confus, mais que l'eſprit avoit tout arrangé*. Orphée rapportoit, *que le limon avoit été fait des eaux*, & parle des prémières ténèbres & de la prémière illumination de l'univers (*a*). Strabon nous apprend que Mégaſthènes, qui vivoit pluſieurs ſiècles avant Jeſus-Chriſt, avoit remarqué dans ſon Hiſtoire des Indes, que les Indiens avoient preſque les mêmes opinions que les Grecs ſur l'origine du monde; qu'ils croyoient qu'il avoit commencé, qu'il devoit finir, que

(*a*) *Strat. Liv. 15.*

l'eau avoit tout produit, & que Dieu gouvernoit toutes choses. Cette idée assez généralement répandue sur l'eau, considerée comme le principe d'où toute matière avoit été originairement tirée, émane visiblement de ce qui est rapporté dans l'Ecriture, au sujet de cette masse de liquide, qui couvrit l'élément aride, au commencement du monde, & de ces expressions : *Spiritus ejus ferebatur super aquas, divisit aquas ab aquis, &c.*

Les Egyptiens, suivant Laërce, pensoient que le monde n'offroit à sa naissance qu'une masse confuse, d'où les élémens avoient été tirés par voie de séparation, les animaux formés, & qu'il finiroit de même qu'il avoit commencé : ils parloient aussi d'un grand mouvement imprimé à l'air, semblable à celui dont Moyse fait mention.

Les Grecs, comme Hesiode, Linus, Epicharme, Aristophane, établissent les mêmes faits. C'est toujours le cahos ou la masse informe de la matière qui précéde, & une cause qui donne la forme & le mouvement à tout. Ovide, qui avoit emprunté le langage des Grecs, va jusqu'à nous décrire la formation de l'homme, telle que nous la voyons décrite dans l'Ecriture, & employe même des expressions semblables à celles dont se sert Moyse, que *l'homme fut formé à l'image des Dieux*. Eurisus Pythagoricien, dit la même chose. Horace, Virgile & Juvenal ont assuré que notre ame étoit descendue du ciel, & qu'elle faisoit partie des Etres célestes. Epicharme nous dit que la raison humaine est descendue de la raison de Dieu. Amelius Platonicien, cité par Eusebe, employe des termes bien plus forts, puisqu'il avance que *la raison est certainement cette parole qui étoit avec Dieu, lorsqu'il créoit le monde, & même avant qu'il le créât, que tout a été fait par elle, & que tout vit & subsiste par elle.*

Zénon & ses Sectateurs, Thalès, Anaxagore & Platon ont tenu la même doctrine. Quoi de plus frappant que cet endroit des vers Orphiques.

(a) *J'en prends à témoin cette prémière parole*, que le Pere de l'univers prononça lorſqu'il créa le monde. Et ailleurs » tourne tous tes regards & dirige tous les mouvemens de ton » cœur vers la raiſon divine ; jette les » yeux ſur le Créateur du monde, lui » ſeul eſt éternel, lui ſeul a créé toutes choſes, lui ſeul préſent à toutes » les parties de la vaſte machine du » monde les agite & les remue, aucun homme ne le voit, & il voit » ſeul tous les hommes «. Tous ces paſſages ont d'autant plus de force, qu'ils ont été cités aux Payens mêmes par les prémiers Chrétiens, comme autant de titres qui dépoſoient hautement en faveur des Livres de Moyſe, ſur la création de l'univers, & cela dans le tems que ces ouvrages étoient publics, & que chacun pouvoit les

---

(a) *Juſt. Liv. de la Monar. Clem. Alex. Stramat. Liv. V. Euſe. prep. Evang. Liv. XIII.*

consulter. Qu'est-ce que l'on peut repliquer à tout ceci ? Y a-t'il une tradition plus constante & moins équivoque ? Mais poursuivons. Empedocle parle aussi du cahos, & fait une distinction si marquée de la lumière & du soleil (*a*) qu'il va jusqu'à regarder cet Astre comme une copie, c'est-à-dire une combinaison d'une matière antérieurement produite, qu'il considere comme le modèle de celle qui est ramassée dans ce corps lumineux. Aratus & Catule ont placé la Divinité au-dessus des Astres, & Homere y supposoit une lumière éternelle. Thalès, instruit dans la Religion des Phéniciens, enseignoit que Dieu étoit le plus ancien des Etres, qu'il ne devoit son existence qu'à lui-même, qu'il avoit tout créé, tout arrangé, & que la nuit avoit précédé la lumière. Les vers Orphiques parlent aussi de cette nuit plus ancienne que le jour. Et cette idée étoit tellement répan-

---

(*a*) *Plut. Liv. 2. Chap. 6.*

due, que quantité de nations qui retenoient inviolablement les vieilles coutumes, comme les Athéniens, les Numides, les anciens Allemands, les Gaulois, les Bohémiens, les Polonois, les Italiens (*a*) commençoient la mesure du jour par la nuit, de même que les Hébreux. Une si grande conformité entre l'Histoire sacrée & l'Histoire profane, est une preuve bien sensible du langage unanime des prémiers habitans de la terre, & de la source commune des anciennes traditions. Anaxagore, Aratus, Virgile, ont reconnu un Dieu auteur de la vie, du mouvement, & de l'ordre qui règne dans tout l'univers. Hesiode, Homere, Callimaque & Euripide ont parlé de la boue dont l'homme a été formé. Ce dernier s'énonce précisément comme Moyse ; car il dit que l'homme a été formé de terre, & qu'il retour-

---

(*a*) *Aul. gel. Nicol. de Dam. Tac. Ces. Plin.*

nera dans la terre, mais que l'esprit retournera au ciel. Démocrite, Epicure, Juvenal & Martial tiennent à peu près le même langage. Comment cette opinion de la formation de l'homme s'est-elle donc établie parmi tant de peuples? Pourquoi ce concert dans une chose qu'il est si difficile qu'on pût deviner; car il est constant que Dieu auroit pû donner une autre origine à nos corps. D'où vient donc que toute l'antiquité, sur une infinité de moyens différens que l'esprit pouvoit imaginer, s'arrête-t'elle précisément à celui dont Moyse fait mention? Maxime de Tyr remarque qu'au milieu de tant d'opinions qui se combattent les unes les autres, l'on en voit une constante & universelle, que Dieu est, & le Roi & le Pere de toutes choses. Antisthène, Sophocle, & Varron reconnoissent aussi un seul Dieu Souverain. Mais ce qui ne doit pas moins frapper, c'est cet accord des Nations à reconnoître dans un septiéme jour, une obligation plus particulière de révérer l'Etre Suprême (*a*). Les Juifs, les Egyptiens, les Grecs, les Latins, les Indiens même, les Celtes, anciens peuples de l'Allemagne, de la Bretagne & de la Gaule, se sont toujours accordés à fêter le septiéme jour. Joseph & Philon ont avancé *que le septième jour étoit un jour de fête, non-seulement pour une ville ou pour un seul pays, mais pour tous les peuples du monde*. Ce qui est en effet confirmé par les Historiens de chaque pays. Qu'on refléchisse, comme on le doit, sur une observance aussi générale, & l'on verra s'il est possible d'en ramener l'origine à un autre principe qu'à celui de la création du monde en six jours, & du Commandement que Dieu fit de sanctifier le septième. Adam & Eve observèrent les prémiers ce Commandement, & en instruisirent leur postérité, qui s'y est constamment conformée : car les hommes ayant toujours été persuadés qu'il existoit des Etres supé-

(*a*) *Jos. rep. à app. Liv. 2. Hes. Hom. Callim. cité par Clem. Alex. Dion. Cass.*

rieurs à eux, ils sentoient qu'ils devoient leur rendre un culte, & comme le jour pris pour ce culte public leur étoit indifférent, ils ont dû constamment conserver, de génération en génération, celui que l'antiquité y avoit consacré. Mais nulle autre Religion, que la Religion Chrétienne & celle des Juifs n'ont l'intelligence d'un usage si universellement répandu.

La mémoire du Paradis terrestre, & de la vie simple & innocente de nos prémiers parens, s'est conservée dans l'âge d'or des Poëtes. Dicearque Philosophe Péripatéticien, cité par Varron & par Porphire, dit que les prémiers hommes étant bien plus près des Dieux que nous, étoient d'un très-bon naturel & vivoient dans l'innocence, & que de-là est venu le nom d'âge d'or, donné aux prémiers siècles. Strabon témoigne que ce tems de félicité avoit été connu des Indiens. Cette idée que le vin, le lait, le miel couloient comme l'eau des entrailles de la terre, & que la nature offroit d'elle-même ses fruits, sans que l'homme eût la peine de ſe les procurer, à un fondement réel dans la nature de l'homme juſte, qui ne doit être ſoumis à aucun genre de peine, comme nous l'avons déja dit. Ainſi l'on ne doit pas penſer que les anciens ayent exageré ici. L'homme a vécu quelque tems dans l'innocence ; cet état exigeoit une pleine félicité ; & par conſéquent tout ce qui eſt rapporté de l'âge d'or, a dû être en effet. Aſtrée qui deſcend du ciel pour ſe tranſporter ſur la terre, & converſer avec les hommes, eſt-ce autre choſe que Dieu même, ſource de toute juſtice, qui ſe manifeſtoit à nos prémiers parens. Et comme il étoit impoſſible qu'un tel état ne fut pas regretté par comparaiſon à celui qui a ſuivi ; de-là ces complaintes générales de l'humanité ſur la perte d'un tel bien. Mais remarquons que les anciens Payens nous ont eux-mêmes conſervé la cauſe d'un tel changement. Tous reconnoiſſent dans la corruption de l'homme, le principe de cette dégradation générale de notre eſpèce, ces peines & ces afflictions qui n'étoient point connues dans l'âge d'or. Or l'Ecriture n'en dit pas d'avantage. Ainsi voilà Moyse d'accord avec tous les anciens, sur l'existence d'un Dieu, Créateur du Ciel & de la Terre, sur quantité de circonstances relatives à l'ouvrage de six jours, la nuit qui précéde le jour, la distinction de la lumière & du soleil, la séparation des élémens, la durée limitée du monde, l'homme fait à l'image de Dieu, les animaux nés de la matière, l'observance commune du septième jour, consacré au culte de l'Etre Suprême; enfin l'homme heureux dans l'état d'innocence, la terre qui lui présente des fruits de toute espèce, sans qu'il soit besoin de la cultiver, l'Etre Suprême qui se manifeste à lui, & la perte de tous ces biens par sa prévarication. Voilà ce qui a été crû de tous les tems, par toutes les Nations, sur la foi des Historiens & des traditions les plus anciennes; & voilà aussi ce que Moyse nous a rapporté. Voudroit-on affoiblir le témoigne de ce Législateur par la netteté plus grande avec laquelle, en disant les mêmes choses, il expose l'histoire de ce qui est arrivé. Qui ne voit que cette plus grande précision dans les faits, est la suite nécessaire d'une supériorité de connoissances dans les circonstances qui ont dû accompagner tous ces événemens. La tradition orale, telle qu'elle existât dans l'origine du genre humain, n'a pû transmettre à la postérité que des Histoires confuses, sans suite, sans liaison; en sorte que si la révélation n'étoit venue à notre secours, il eut été impossible de pouvoir jamais débrouiller un tel cahos. Tous les peuples avoient retenu la coutume de fêter le septième jour; mais la circonstance du monde crée en six jours, & du jour de repos que Dieu lui-même s'étoit reservé, s'étant perdue, ils ne lioient point cette observance avec l'Histoire de la création. Il en est de même du reste; l'âge d'or leur présentoit la même idée que le Paradis terrestre aux Juifs; mais faute d'avoir conservé quelques circonstances relatives à cet état primitif, ils ne pouvoient remonter jusqu'à la source de cette tradition, & s'en former des idées aussi nettes que le peuple Hébreu. Ils n'avoient de même retenu de la création du monde, que quelques faits particuliers, qu'ils ont pour la plûpart mêlés & confondus ; au lieu que Moyse rapportant l'histoire de ce mémorable événement, dans l'ordre dans lequel il est arrivé, présente un tableau net, précis de ce qui a été fait chaque jour. Ainsi tout s'accorde, puisque les événemens principaux se rapportent exactement : mais d'un côté l'on ne voit que la masse des objets, un plan informe, tel qu'il devoit être en un mot, par la soustraction de plusieurs circonstances essentielles à sa perfection ; au lieu que l'on voit de l'autre, un ordre si admirable, une suite d'événemens tellement dépendans les uns des autres, des détails, des rapports si assortissans aux faits qu'il seroit difficile de n'en être pas frappé.

Le Juif Maimonides qui vivoit dans le douzième siècle de l'Eglise, remarque que de son tems l'Histoire d'Adam & d'Eve, de l'arbre & du ſerpent, faiſoit un des articles de la tradition des Indiens idolâtres, des habitans du Pegu & des Calamiſanes. Que répondre encore à ceci? Ferdinand de Mendès & quelques autres, rapportent que le nom d'Adam n'eſt pas inconnu aux Brachmanes. L'on ſait que dans les plus anciennes cérémonies des Grecs on crioit *Eva*, & qu'en même-tems l'on montroit un ſerpent. Les Siamois comptent près de ſix mille ans depuis la création du monde juſqu'à préſent (*a*). Ce qui ſe rapporte à notre Chronologie. Calliſthènes, qui vivoit du tems d'Alexandre, envoya, au rapport de Simplicius, des obſervations Aſtronomiques à Ariſtote, leſquelles il avoit recueillies à Babylone, & qui remontoient juſqu'à 1903 ans Ce qui fait à peu près le tems qui pouvoit s'être écoulé depuis le déluge juſqu'à Calliſthènes. Car ſi des 2348 ans que l'on compte du déluge juſqu'à Jeſus-Chriſt, l'on en retranche 324, qui eſt

(*a*) *Ferd. de Mendès.*

le tems avant Jesus-Christ, où Alexandre étoit à Babylone avec Callisthènes, l'on trouvera qu'à compter de la prémière année du déluge, il s'étoit écoulé 2024 ans, & qu'ainsi il n'y a que 121 ans de différence de ce calcul au nôtre. Ce qui provient certainement de ce que les prémières observations n'ont point été faites dans les prémières années qui suivirent le déluge, mais un siècle ou environ après; comme il est très-probable, & dès-lors les deux supputations se rapportent parfaitement.

La longue vie des Patriarches étoit mentionnée dans l'histoire que Berose avoit faite de la Chaldée (a), dans celle d'Egypte par Manèthon, dans celle des Phèniciens par Hirom, enfin dans l'histoire Grecque d'Hestiæus, d'Hecatée, d'Hellanicus, & dans les ouvrages d'Hésiode. Servius dans ses Commentaires sur Virgile dit, que

(a) *Joseph. Liv. 1. Chap. 4. Euseb. chron.*

les Arcadiens vivoient jusqu'à trois cens ans. La vie brutale des Géans rapportée par Moyse, se lit dans presque tous les Auteurs Grecs, & dans quelques Auteurs Latins. Homere, Hesiode, Platon, Lucain, Seneque en ont parlé. Voilà donc encore l'Histoire Profane d'accord avec l'Histoire Sainte, dans plusieurs circonstances fort remarquables.

Pour ce qui est du déluge c'est un fait constant & en même-tems bien notoire, qu'aucune histoire de peuples actuellement existans ne remonte plus haut. Ce qui prouve d'abord qu'il y a ici quelque chose de fort extraordinaire; car pourquoi cette barrière, qui a porté Varron à appeller le tems qui a précédé le déluge, un tems inconnu? Les peuples du nouveau monde ne sont point exceptés de cette loi générale; le même terme les arrête. Nous venons cependant de voir que tous avoient conservé des traditions plus anciennes & qui remontent jusqu'à l'origine du monde. Pourquoi donc encore une fois cet accord dans la fondation de tant de villes, & d'Empires dans les tems postérieurs au déluge, & qu'aucune nation ne puisse se glorifier d'une plus grande antiquité, en conservant néanmoins tant de traditions antérieures à ce déluge même qu'elles n'égalent point en ancienneté. Nous venons de voir que les observations faites à Babylone, reputée l'une des plus anciennes Villes du monde, ne remontoient pas jusqu'à cette époque. Quand nous n'aurions que ces seuls traits à exposer ils seroient suffisants pour établir l'origine plus recente des Empires, & la renaissance du genre humain, conformément à ce qui en est dit dans l'Ecriture; mais une suite de preuves historiques, tirées des Auteurs de la première antiquité, donne le dernier degré de force à cette vérité. Bérose Chaldéen, Abydene d'Assyrie, Plutarque, Lucien, Molon, Nicolas de Damas, Appollodore, Diodore, Pline s'accordent unanimement sur ce point; Gerôme d'Egypte, Mnaséas en ont aussi parlé, au rapport de Joſephe. Mais ce qu'il y a de bien remarquable, c'eſt que la plûpart de ces Auteurs font mention de l'arche, du lieu où elle s'arrêta, des Pigeons que Noë lâcha à diverſes repriſes, d'une famille qui ſeule fut conſervée dans cette arche, avec un couple de chaque eſpèce d'animaux, de la nouvelle race d'hommes qui ſortit de cette tige, & de la méchanceté des hommes, laquelle donna lieu à cette punition. Mais il ne faut pas croire que ce ſoient quelques hommes ſeulement, qui dépoſent ici pour atteſter cet événement, ce ſont les Nations mêmes qui parlent par leur bouche, les Villes & les Contrées entiéres qu'ils avoient entendues. Les peuples Américains de Cuba, de Mechoachan & de Nicaragua, conſervent encore aujourd'hui la mémoire du déluge, des animaux conſervés, du corbeau & de la colombe, au rapport de Joſeph d'Acoſta, & d'Antoine Herrera, auteurs Eſpagnols. Pline parlant de la ville de Joppe, dit qu'*elle fut bâtie avant le déluge*. Les habitans de la Caſtille d'or font auſſi

l'histoire de ce mémorable événement. On a montré de tout tems, & on montre encore à présent sur les montagnes Gordiées en Armenie, l'endroit où l'arche s'arrêta. Mais voyons plus en détail toutes ces preuves. Voici ce que dit Josephe dans sa réponse à Appion, » liv. 1. Berose rap-
» porte, conformément aux plus an-
» ciennes histoires, & à ce que Moy-
» se en a écrit, la destruction du gen-
» re humain par le déluge, à la reser-
» ve de Noë auteur de notre race, qui
» par le moyen de l'arche se sauva sur
» les montagnes d'Armenie. Josephe ajoute ensuite ces paroles de Berose: »
» on dit que l'on voit encore des re-
» stes de l'arche sur la montagne des
» Gordiées en Armenie, que quel-
» ques-uns rapportent de ce lieu des
» morceaux du bitume dont elle fut
» enduite & s'en servent comme d'un
» préservatif.

Voici le passage d'Abidene d'Assyrie conservé par Eusebe prep. liv. IX. & par St. Cyrille contre Julien liv. 11.
» Entre ceux qui lui succederent fut

» Sisithrus. Saturne lui ayant préd
» que le premier du mois de Desius
» y auroit une pluie fort grande, &
» donné ordre de cacher à Helio-
» polis, ville de Sippares, tout ce
» qu'il pourroit ramasser d'écrits, il
» obéit à ce commandement, s'em-
» barqua pour l'Armenie, & inconti-
» nent après il vit l'effet de cette pré-
» diction. Le troisième jour la tempê-
» te ayant cessé, il lâcha des oiseaux
» pour voir s'ils pourroient découvrir
» quelque endroit de la terre qui ne
» fût pas couvert d'eau; mais ces oi-
» seaux ne trouvant par tout qu'une
» vaste mer, & ne voyant pas où se
» reposer, retournerent à Sisithrus. Il
» en laissa encore sortir d'autres, mais
» avec aussi peu de succès, si ce n'est
» qu'ils revinrent les aîles pleines de
» boue. A peine en eut-il lâché d'au-
» tres pour la troisième fois, que les
» Dieux le retirerent du monde. Le
» vaisseau aborda en Armenie & les
» habitans du pays se servirent du bois
» dont il étoit bâti comme d'un pré-
» servatif. Alexandre Polyhistor cité

» par

par St. Cyrille dit » qu'après la mort
» d'Otyarthe son fils Xisuthrus lui suc-
» céda & regna 18 ans, que de son
» tems il y eut un grand déluge dont
» il s'étoit sauvé, en obéissant à l'or-
» dre que Saturne lui donna, de fai-
» re une arche & d'y entrer avec des
» animaux de toute espèce. » On remarquera que le nom de Sisithrus, ainsi que celui de Deucalion, & d'Ogigès, ont la même signification en d'autres langues, que le nom de Noë qui signifie *repos*, en Hebreu. Eusebe remarque qu'Alexandre Polyhistor qui écrivoit en Grec, appelle Isaac *Gelos*, c'est-à-dire *ris* ce qui est le sens du mot Isaac. L'on remarquera encore que suivant la tradition des Egyptiens, ce déluge de Deucalion a été universel. Diod. liv. 1. Pline liv. III. chap. 14. dit que l'Italie même n'en avoit pas été exempte. Voici les paroles de Plutarque. » On dit que
» Deucalion lâcha hors de l'arche un
» pigeon, qui tant qu'il revint lui fit
» connoître que la tempête duroit en-

» core, & lorſqu'il ne revint plus lu
» fit juger qu'elle étoit paſſée.

Lucien dit que dans une ville (c'eſ la Déeſſe de Syrie) la plus commun opinion eſt » que Deucalion eſt l
» fondateur du temple de cette ville
» Car les Grecs diſent que les prémier
» hommes étant cruels & inſolens
» ſans foi, ſans hoſpitalité, ſans hu-
» manité, périrent tous par le déluge
» la terre ayant pouſſé hors de ſon ſein
» quantité d'eaux, qui groſſirent les
» fleuves, & firent déborder la mer à
» l'aide des pluies, en ſorte que tout
» fut ſubmergé ; il ne demeura que
» Deucalion qui s'étoit ſauvé dans
» une arche avec ſa famille & un
» couple de bêtes de chaque eſpèce,
» tant ſauvages que domeſtiques, qui
» le ſuivirent volontairement, ſans
» s'entremanger, ni lui faire mal ; il
» vogua ainſi juſqu'à ce que les eaux
» furent retirées. Il fut le pere d'une
» ſeconde race d'hommes qui remplit
» la place de celle que le déluge avoit
» détruite, &c.

Dans Molon le passage est dans Eusebe prép. evang. liv. IX ch. 19. » immédiatement après le déluge cet
» homme qui s'étoit sauvé en Armenie avec sa famille, en fut chassé
» par les habitans du lieu ; de-là il
» vint en cette partie de la Syrie qui est
» fort montagneuse, & qui alors n'étoit pas habitée. » Dans Nicolas de Damas, voici ses paroles rapportées par Joseph liv. XCVI. » Il y a en Armenie dans la province de Myniade
» une haute montagne nommée Baris,
» où l'on dit que plusieurs se sauverent durant le déluge. On dit aussi
» qu'une arche dont les restes se sont
» conservés pendant plusieurs années
» & dans laquelle un homme s'étoit
» enfermé, s'arrêta sur le sommet de
» cette montagne. Il y a de l'apparence que cet homme est celui dont
» parle Moyse legislateur des Juifs.

Les Interprêtes Chaldaïques ont rendu l'Ararath de Moyse par Cardu, Josephe par Cordiées. Quinte Curce les appelle Cordées. Strabon, Pline & Ptolomée Gordiées.

Je demande encore ce qu'il est possible d'opposer ici. J'avoue de bonne foi que si j'avois le malheur de ne pas croire, je serois terrassé à la vue de cette foule d'autorités ; car je ne vois pas qu'on puisse en éluder la force par aucune raison qu'un homme sensé puisse recevoir. D'où tirons-nous ces aveux ? C'est des Payens mêmes, des Idolâtres qui n'y ont vû que des points d'histoire, qu'ils nous ont transmis sans aucune partialité, puisqu'ils n'avoient certainement aucun intérêt à en alterer la vérité ; & c'est néanmoins une autorité si respectable qui prête un nouveau lustre aux vérités de notre Religion. C'est donc inutilement que nous cherchons à mesurer les forces de la Divinité sur celles de la nature, que nous calculons pour savoir combien dans une année il tombe de pieds cubes d'eau sur la surface de la terre, combien l'arche pouvoit avoir de capacité pour renfermer un couple de chaque espèce d'animaux. Jamais les résultats de ces calculs ne seront capables d'affoiblir des vérités atteſtées par tout ce que l'antiquité a de plus reſpectable. Le déluge n'a pû arriver que par miracle, voilà d'abord le point fixe d'où il faut partir. Or ce miracle ſuppoſe le renverſement momentanée des lois de la nature. Ce n'eſt donc point ſur des ſpéculations naturelles, qu'il faut regler l'action qui a produit un tel événement. Nous avons vû que dans l'origine du monde, Dieu avoit ſéparé les eaux d'avec les eaux : ainſi l'on peut ſuppoſer, ſi l'on veut, qu'un ou pluſieurs corps planétaires auront verſé cette abondance de liquide qui ſubmergea la terre au tems du déluge, & que les choſes ſe trouverent préciſément au même état où elles étoient au commencement, où il eſt dit que l'eau couvroit tout l'élément aride; & qu'une ſeconde évaporation ſemblable à la prémière, débarraſſa la terre de cette maſſe de fluide qui s'élevoit juſqu'au ſommet des plus hautes montagnes. L'on peut encore penſer qu'un plus grand mouvement donné au feu central de la terre, aura imprimé aux eaux une action capable de les porter jusqu'aux plus grandes hauteurs, comme il arrive souvent à la suite de grands tremblemens de terre: ou, si l'on veut encore plus simplement, que cette action aura été produite par une commotion violente imprimée à tout le globe en forme de trémoussement, ou par un changement de direction dans le mouvement de rotation, la terre ayant, je suppose, tourné du Nord au Sud, ou du Sud au Nord, pendant quelques instants; ce qui auroit été capable d'innonder successivement toutes les parties du globe: & les choses se rétablissant dans l'état primitif, les eaux seroient rentrées dans leur lit ordinaire; & dès-lors le grand vent qui s'éleva, auroit été capable de tout secher en peu de tems. Enfin l'on pourroit encore imaginer (& ce seroit peut-être l'opinion la plus probable) que la lune se seroit rapprochée de la terre, & comme nous avons vû dans la prémière partie de cet ouvrage, que les eaux s'élèvent à proportion que le foyer lunaire se rapproche de nous, l'on sent qu'à une moindre distance l'ascension de la masse liquide seroit encore plus considérable. Et supposant ce degré d'élévation supérieur à celui des plus hautes montagnes, cette masse en retombant par sa propre pesanteur après le passage de la lune, auroit innondé toutes les parties de la terre : & ce satellite reprenant ensuite sa distance ordinaire, les eaux seroient rentrées dans leur lit naturel. Que l'on adopte telle hypothèse que l'on voudra, pourvu qu'elle tende à l'explication d'un fait dont la vérité ne peut être contestée, peu importe par quelle voie on y arrivera. Mais il faut poser pour base fondamentale une action extraordinaire, que Dieu a dû imprimer quelque part, une force nouvelle, en un mot, dont la nature n'est pas susceptible dans l'état actuel. Ainsi quand on démontrera simplement que le déluge universel n'a pû arriver naturellement, l'on ne fera que confirmer un point de créance de notre Religion ; puisque nous devons penser que c'est par miracle qu'un tel événement s'est manifesté. Mais l'on ne pourra en inférer qu'il ne soit point arrivé en effet. Car il est constant que si Dieu l'a voulu, il l'a pû : il faut donc savoir s'il l'a voulu, ce qui n'est plus qu'une question de fait. Or quelle autre preuve peut-on exiger de nous, que celle qui résulte du témoignage de Dieu même dans ses Ecritures, & de l'assertion générale des Nations.

A l'égard des dimensions de l'Arche, l'on a démontré depuis longtems qu'elles étoient plus que suffisantes pour contenir tout ce qui y fut renfermé. Je ferai observer ici seulement que le détail dans lequel Moyse est entré sur la capacité de ce vaisseau, m'a toujours paru une chose très-digne de remarque : car il falloit être bien certain & de l'existence & de la grandeur de ce vaisseau, pour avoir osé nous donner les dimensions du prémier bâtiment qui ait peut-être jamais flotté sur les eaux, destiné à renfermer un couple de chaque espèce d'animaux, & les différens approvisionnemens qui étoient nécèssaires à leur ſubſiſtance. Tout homme qui auroit voulu prendre ces dimenſions dans ſon imagination, eut certainement craint de ſe trouver trop au-deſſus ou trop au-deſſous des proportions requiſes; & dans cette alternative, il eût pris le parti de ſupprimer des détails, qui n'ajoutant rien au fonds des choſes, auroient néanmoins pû donner priſe ſur lui. Mais Moyſe marche hardiment, rien ne l'arrête: il a meſuré la ſurface de tous les Etres de l'univers, & ſait dans quelle étendue ils doivent être renfermés, parce qu'enfin c'eſt Dieu qui le guide, & qui a calculé pour lui.

Japetus pere des Européens, Jon, ou comme on l'écrivoit autrefois, Javon le pere des Grecs, & Hammon qui s'établit en Afrique, ne ſont-ils pas viſiblement le Japhet, le Javan & le Cham de la Genèſe. Saint Jerôme remarque que de ſon tems les Egyptiens appelloient encore l'Egypte du nom de Cham. Joſeph, & quantité d'autres Auteurs ont découvert dans les noms de beaucoup de peuples, des traces sensibles de ceux qui se trouvent dans la Genèse.

L'entreprise téméraire des Géans, & leur guerre contre les Dieux, si fameuse chez les Poëtes, est-elle autre chose qu'un déguisement de l'Histoire de la Tour de Babel. Joseph cite là-dessus un passage décisif d'une certaine Sybile, qui porte que » les hommes » n'avoient d'abord qu'une même langue, qu'ils bâtirent une Tour si » haute, qu'il sembloit qu'elle dût » s'élever jusqu'au Ciel; que les Dieux » excitèrent une si violente tempête, » qu'elle en fut renversée, & firent » que ceux qui la bâtissoient, parlèrent en un moment diverses langues, » ce qui fut cause qu'on donna le nom » de Babylone à la ville, qui depuis » fut bâtie dans le même lieu.

Eusebe rapporte un passage d'Abi- » dene qui porte la même chose (*a*); & » Berose nous apprend que les Grecs se sont trompés lorsqu'ils ont dit que

(*a*) *Prep. Evang. Liv. 9. Chap. 4.*

c'étoit Sémiramis qui avoit bâti cette ville. Ainsi voilà encore des témoignages bien précieux qui confirment ce qui est dit dans l'Ecriture touchant la Tour de Babel & l'origine des langues. Si l'on admet une fois ce principe que tous les hommes étant issus d'un seul, ont originairement parlé le même idiome, l'on aura de la peine à comprendre comment tant de langues différentes ont pû s'établir sans avoir conservé entr'elles un fonds de rapport, & une certaine analogie avec la Langue Mere, si rien d'extraordinaire n'a concouru à leur établissement. Les Langues Françoises, Italiennes, Espagnoles ont entr'elles des rapports marqués, & une analogie sensible avec la Langue Latine leur mere commune. L'Anglois & le Hollandois ont le plus grand rapport avec l'Allemand : on peut en dire autant de toutes les autres Langues qui ont emprunté des mots, des tours, des expressions les unes des autres, & qui toutes tirent leur origine d'une source commune. Or nous sommes autorisés à penſer que ſi les Langues Meres actuellement en uſage chez les peuples de la terre, avoient emprunté quelque choſe l'une de l'autre, ou qu'elles euſſent originairement procédé d'un même idiome, ces rapports ſubſiſteroient encore aujourd'hui. Mais ne ſubſiſtant pas, c'eſt une preuve que chaque langue s'eſt formée d'une manière indépendante ; & dès-lors nous devons ſuppoſer que quelque choſe d'extraordinaire y aura contribué ; car ſuivant le cours ordinaire des choſes, il n'auroit pas dû en être ainſi. D'où l'on voit que ce raiſonnement ſert encore de nouvelle confirmation à l'origine merveilleuſe de tant d'idiomes différens, que les anciens peuples de la terre ont parlé, & qui ont produit cette variété de langage que nous remarquons encore aujourd'hui.

L'embraſement de Sodôme eſt confirmé par les témoignages de Diodore de Sicile, de Strabon, de Tacite, de Pline & de Solin (*a*). Les treize villes

(*a*) *Diod. Liv. 19. Strab. Liv. 16. Tac. Liv. 5. &c.*

qui composoient autrefois le pays de Sodôme ont toujours fait un point de la tradition de ces peuples.

Herodote, Diodore de Sicile, Strabon, Philon, des nations entières issues d'Abraham, les Hébreux, les Iduméens, & les Ismaëlites, confirment ce que Moyse nous apprend de la Circoncision. L'Histoire d'Abraham, d'Isaac, de Jacob & de Joseph se trouvoit autrefois dans les Livres de Sanchoniaton, dans ceux de Berose, d'Hecatée, de Nicolas de Damas, d'Artapan, d'Eupoleme, de Demetrius & dans les vers Orphiques. Justin dans son Abrégé des Livres de Trogue Pompée, en a conservé une partie. Berose dit » qu'en l'âge dixiè-» me après le déluge, il y avoit en » Chaldée un homme fort juste (a) & » fort intelligent dans la science de » l'Astrologie. Le tems & le lieu quadrent ici, avec ce que l'Ecriture nous dit d'Abraham. Nicolas de Damas rap-

---

(a) *Joseph. ant. Liv. 1.*

porte » que ce Patriarche sortit du » pays des Chaldéens avec une grande » troupe, qu'il règna en Damas, en » partit ensuite avec tout son peuple, » s'établit dans la terre de Canaan, » qui se nomme actuellement Judée, » où sa postérité se multiplia d'une » manière incroyable ; que le nom » d'Abraham étoit encore (du tems » de l'Auteur) fort célèbre & en gran- » de vénération dans le pays de Da- » mas, qu'on y voyoit un bourg qui » portoit son nom, & où l'on dit qu'il » demeuroit.

» Personne, disent les vers Orphi- » ques, n'a connu le Roi & le Maî- » tre de tous les hommes, que ce seul » Chaldéen qui a si bien sçu le cours » du Soleil & le mouvement des » Cieux.

Justin dit (*a*) „ que les Juifs sont „ originairement de Damas, qu'ils „ eurent pour Roi entr'autres Abra- „ ham.

(*a*) *Liv.* 36.

Voilà donc la piété d'Abraham, sa nombreuse postérité, son établissement dans le pays de Canaan attestés par le témoignage de l'antiquité profane. Presque tous les Auteurs anciens ont aussi parlé de Moyse & de ses actions. Les vers orphiques disent expressément qu'il fut tiré des eaux, & qu'il reçut de Dieu deux tables. Polemon cité par Eusebe, marque l'époque précise de la sortie des Israëlites hors de l'Egypte. Ce même événement se trouvoit dans Manethon, dans Lysimaque, dans Cheremon auteurs Egyptiens, cités par Josephe. Diodore de Sicile, Strabon, Pline, Tacite & Longin ont aussi parlé de ce Législateur. Ce dernier entr'autres rapporte ces paroles remarquables. » Moyse homme d'un esprit peu com-» mun, a conçu & exprimé la puissan-» ce de Dieu d'une manière fort subli-» me au commencement de son livre » où il s'exprime ainsi : Dieu dit que » la lumière soit, & la lumièret fut ; » que la terre soit & la terre fut. Chal-» cidius appelle Moyse un homme sa-

» ge, & reconnoît qu'il passoit pour avoir été inspiré. Les auteurs du Talmud, Pline & Apulée ont conservé le nom des deux Magiciens qui resisterent à Moyse. Numenius dans Eusebe dit *que Moyse étoit un homme très-puissant auprès de Dieu par ses prieres*. Strabon rapporte (a) *que les successeurs de Moyse observerent pendant quelque tems ses loix, & furent justes & pieux*. Et plus bas, *que ceux qui crurent à Moyse, étoient justes & craignants Dieu*. Justin employe les termes les plus forts. *Il est incroyable*, dit cet Auteur, *combien la piété & la justice de ces Rois & de ces Sacrificateurs, firent fleurir cette Nation*. Strabon, Tacite, Théophraste, Hecatée ont parlé en particulier de la Loi & des Ordonnances cérémonielles que ce Legislateur a établies. Pythagore même au rapport d'Hermippus, en a tiré beaucoup de choses qu'il avoit adoptées. La défense de s'unir aux étrangers se trouve dans Justin.

(a) *Liv. XVI.*

Celle de manger du porc se lit dans Tacite, dans Juvenal, & dans Plutarque. Ce dernier parle aussi des Levites & des fêtes des Tabernacles. Platon au rapport de Porphire, avoit emprunté beaucoup de choses des Juifs. Convenons qu'il est difficile de faire de Moyse de plus magnifiques éloges. Les Chrétiens n'en disent pas d'avantage aujourd'hui : *un homme puissant par ses prieres* ; *que ceux qui crurent en lui étoient justes & craignants Dieu* ; *qu'il fut tiré des eaux* ; *qu'il reçut de Dieu deux tables*. C'est en substance tout ce que la Religion nous ordonne de croire de ce Legislateur. (*a*) La force de la vérité a fait avouer à l'Empereur Julien, ennemi des Juifs & des Chrétiens, que ce prémier peuple avoit eu des hommes divinement inspirés, & que les sacrifices de Moyse & d'Elie avoient été consumés par un feu descendu du Ciel. *Vous ne voulez pas sacrifier*, dit cet Empereur aux

---

(*a*) *Saint Cyrile Liv. 3. & Liv. 10.*

Chrétiens, *c'est sans doute parce que le feu ne descend plus du Ciel pour consumer les victimes ; mais ne voyez-vous pas que cela n'est arrivé que deux fois, l'une sous Moyse, l'autre du tems d'Elie le Thisbite.* Menandre dans l'histoire des Pheniciens parloit de cette grande secheresse arrivée au tems d'Elie.

L'arche avec le propitiatoire, les Cherubins, le feu tombé du Ciel, la Schekina ou l'habitation de Dieu dans le Temple, le St. Esprit se voyoient dans le prémier Temple, au rapport de la Gemara de Babylone. Le séjour que Jonas fit dans le ventre d'une baleine est mentionné dans Lycophron, & dans Eneas de Gaza qui rapportent à la vérité cette histoire à Hercule, selon la coutume des anciens, d'attribuer à ce Héros tout ce qu'ils savoient être arrivé au monde de grand & de merveilleux.

Les annales des Phéniciens faisoient mention de David, de Salomon & de leur alliance avec les Tyriens au rapport de Josephe, qui nous apprend encore que Berose a parlé de Sennacherib Roi des Assiriens, de ses guerres en Asie & en Egypte, qu'Herodote a aussi rapportées, & de Belad ou Baladan dont il est fait mention dans l'Ecriture, de Nabuchodonosor & autres Rois de Chaldée, dont les noms se trouvent dans nos livres saints. Abidene dans son histoire d'Assirie racontoit aussi plusieurs particularités de ce Prince, comme on peut le voir dans Eusebe. Le Roi d'Egypte que Jeremie nomme Vaphrès, est l'Apriès d'Herodote. Cyrus & ses successeurs jusqu'à Darius Codomanus sont mentionnés dans les livres des Auteurs Grecs. Théophile d'Antioche prouve par le témoignage de Berose, que le Temple de Jerusalem a commencé à être rebâti sous Cyrus, & a été achevé sous Darius. Ainsi voilà l'histoire sacrée & l'histoire profane parfaitement d'accord sur les points les plus importans de la Religion Chrétienne, par rapport au tems qui a précédé la venue de Jesus-Christ. Mais pour ne pas excéder les bornes que l'on s'est imposé dans cet écrit, passons aux témoignages que les Juifs & les Payens ont rendus à la Divinité du Redempteur.

CHAPITRE II.

De la venue du Messie suivant les Ecritures.

PRÉMIÈREMENT il résulte de plusieurs Propheties que conservent encore les Juifs, que Jesus-Christ a été prédit. Il a dû l'être pour que les hommes fussent prévenus de la venue d'un Dieu sur la terre : il a dû venir pour consommer son sacrifice, & pour justifier tout ce qui avoit été dit de lui. La promesse en fut faite au prémier homme après son péché. Dieu lui-même assure *que la femme mettra au monde un fils qui brisera la tête du serpent*. Ce serpent n'est autre chose que l'esprit tentateur qui induisit nos prémiers parens à la désobéissance ; & celui qui doit lui briser la tête, c'est-à-dire réparer les desordres que ses insinuations avoient produits, ne peut être que Jesus-Christ, destiné par son essence infinie à épuiser par son sacrifice la justice sans borne de son pere, & à effacer par-là la faute de nos prémiers parens.

Tous les peuples de la terre seront benis dans votre race, c'est-à-dire, dans celui dont vous serez pere, dit Dieu à Abraham. Et comme cette promesse est renouvellée à Isaac & à Jacob à-peu-près dans les mêmes termes, l'on voit qu'elle ne peut être rapportée qu'à Jesus-Christ, qui devoit naître d'Abraham, d'Isaac & de Jacob. Ce Patriarche en bénissant son fils Juda, lui dit : » Juda, tes freres » te combleront de louanges & ils t'a» doreront. Le sceptre ne sera point » ôté de Juda ; & il y aura toujours » dans sa postérité des conducteurs du » peuple, jusqu'à la venue de celui » qui doit être envoyé & qui est l'ob» jet de l'attente des Nations. Cette derniere Prophétie est d'une clarté si grande, qu'il est impossible d'y meconnoître Jesus-Christ. Car quel autre pourroit être l'objet de l'attente des Nations. *Bientôt* dit le Seigneur par la bouche du Prophete Zacharie, *je ferai paroître mon serviteur qui est un soleil levant.* » Rejouissez-vous, fille » de Sion, triomphez de joye, fille » de Jerusalem ; voilà votre Roi qui » va bientôt venir, votre Roi juste » & Sauveur.

» Je suis prêt d'envoyer mon Ange, » dit le Seigneur par le Prophéte Malachie, pour préparer la voie devant moi ; & aussi-tôt le Roi que » vous cherchez, viendra dans son » Temple, & l'Ange de l'alliance que » vous désirez. Le voilà qui vient. Le » soleil de Justice se levera pour tous » ceux qui craignent mon nom, & sa » lumière rendra la santé. Moyse avoit dit auparavant : Envoyez je vous conjure Seigneur, celui que vous devez envoyer.

La Prophétie de Daniel porte » : le tems de 70 semaines est fixé par rap» port à votre ville sainte, afin qu'a» lors la prévarication cèsse, que le

» péché prenne fin, que l'iniquité soit
» expiée, & que la justice éternelle
» lui succede; que la révélation & la
» prophétie soient accomplies & que
» le *Saint des Saints* soit oint.

» Sçachez donc & comprenez le
» bien, que depuis le jour où l'ordre
» de rebâtir Jerusalem sera donné jus-
» qu'au tems où paroîtra le Roi qui
» *est le Christ* il y aura sept semaines
» & soixante & deux semaines. Les
» places de Jerusalem & ses murailles
» seront donc rebâties, quoique dans
» des tems difficiles; & après soixan-
» te & deux semaines le *Christ sera*
» *mis à mort*, & personne ne sera à lui
» & le peuple qui aura pour chef le
» Prince qui doit venir, détruira la
» Ville & le Sanctuaire. Leur fin sera
» semblable à celle des choses submer-
» gées, & la guerre ne finira que par
» une entiere désolation dont le tems
» est fixé. Le Christ établira une fer-
» me alliance avec plusieurs dans une
» semaine, & dans le milieu de cette
» semaine il fera cesser le sacrifice &
» l'oblation. L'on verra autour de la

» Ville les abominations de la désola-
» tion, & jusqu'à l'entière ruine qui
» a été résolue ; l'on ajoutera désola-
» tion à désolation.

Il n'est personne qui en lisant cette Prophétie, ne se sente émû de surprise & d'étonnement. Le Christ y est appellé par son vrai nom. C'est le Saint des Saints. Il doit faire une ferme alliance avec d'autres peuples, être mis à mort ; & la Ville & le Sanctuaire doivent être détruits, & c'est en lui que les Prophéties & les révélations doivent être accomplies. Je ne dissimule point que la clarté de ces Prophéties est si grande, que la première pensée qui vient à l'esprit de l'incrédule, est de les croire supposées & faites après coup : mais que l'on réfléchisse & l'on verra que cette objection n'a nulle espèce de solidité. Car pour quelles fussent faites après coup, il faudroit qu'elles ne se trouvassent point dans les livres des Juifs, ce qui ne fait plus qu'une question de fait que l'on résout sur le champ à l'ouverture de leur livre, dans lesquels on les lit telles

telles que je viens de les expoſer. Or dès qu'elles exiſtent dans ces livres, de quelque part qu'elles ayent été publiées, je vois toujours qu'il y eſt queſtion d'un homme fort extraordinaire, dont l'arrivée ſur la terre eſt annoncée de la manière la plus claire & la plus préciſe. Et ſi je parviens à connoître l'eſpace de tems renfermé dans l'une des 70 ſemaines, j'aurai celui qui doit s'écouler depuis le jour où l'ordre de rebâtir Jeruſalem ſera donné, juſqu'au tems où doit paroître ce Saint des Saints, puiſqu'il doit s'écouler préciſément 69 ſemaines. Or ce calcul a été fait mille fois en prenant ces ſemaines pour des ſemaines d'années, ſuivant l'eſprit de l'Ecriture, & tout ſe rapporte à l'époque de la naiſſance, de la vie, de la mort de Jeſus-Chriſt, & à celle de l'entiére deſtruction de Jeruſalem & du Temple. Comment éluder la force d'une Prophétie ſi parfaitement accomplie dans toutes ſes circonſtances? L'on ne peut pas dire qu'elle ait été faite après coup, puiſqu'alors elle ſeroit poſtérieure à la venue du Meſſie, & que les Juifs qui l'ont méconnu, n'auroient pas groſſi leurs livres de titres qui dépoſent contre eux, & dont le poids les accable. L'on demandera ſans doute pourquoi le tems de la venue du Meſſie n'eſt pas annoncé dans les termes les plus clairs, pourquoi les Prophétes en général ne s'expriment pas d'une maniére à diſſiper juſqu'aux moindres ténèbres? Remarquons toujours que toutes les queſtions qui nous ſont faites à cet égard, ſont purement ſuperflues. Il s'agit ici d'un fait, & point du tout d'examiner les moyens que la Providence a jugé à propos d'employer dans la manière avec laquelle il lui a plû de l'annoncer. Pourquoi veut-on nous ſoumettre à l'obligation de rendre compte des motifs profonds de l'Etre Suprême. Ainſi quand nous ſerions dans l'impoſſibilité de ſatisfaire aux demandes qui nous ſont faites là-deſſus, vû l'extrême foibleſſe de l'eſprit humain, cette impuiſſance de notre part pourroit-elle affoiblir les témoignages les plus respectables de la venue du Messie. Mais néanmoins pour montrer que nous ne sommes en demeure sur aucun des points qui peuvent être à la portée de l'homme ; remarquons que l'Homme-Dieu devant s'immoler pour nous, n'a pas dû s'expliquer de manière à faire manquer son sacrifice, ce qui seroit arrivé infailliblement, si les Prophéties avoient porté ce caractère d'évidence que Dieu auroit pû leur donner, pour qu'elles fussent parfaitement comprises avant l'événement. Si les Juifs avoient été prévenus de génération en génération que le Christ apparoîtroit sous l'Empire d'Auguste, à tel tems, & à telle époque de son règne ; qu'il naîtroit dans tel lieu & dans telle circonstance, pauvre aux yeux du monde, & si grand aux yeux de l'esprit ; en un mot qu'aucune espèce de voile n'eut caché ces vérités importantes, il est hors de doute qu'ils l'auroient reconnu, & dès-lors ils l'eussent adoré, & le sacrifice n'eut pû s'accomplir de la manière dont

Dieu l'avoit résolu. Il falloit donc un voile, au moins léger, sur le tems de sa venue, pour que les Juifs pussent s'y méprendre grossièrement. Car par-là en même-tems que le sacrifice s'accomplissoit, ce peuple ne cèssoit d'être coupable, puisqu'enfin il devoit croire en celui qui lui étoit prédit, qu'il attendoit même depuis nombre de siècles, & qui, sous un vêtement mortel, se montra si souvent maître de la nature, par les prodiges sans nombre qu'il fit éclater à ses yeux.

Isaïe : „ un petit Enfant nous est „ né, un Fils nous a été donné... Il „ sera appellé l'Admirable, le Con„ seiller, *Dieu*, le Pere du siècle fu„ tur.

„ Voilà qu'un Dieu va paroître lui„ même pour vous sauver; alors les „ yeux des aveugles verront le jour, „ & les oreilles sourdes seront ou„ vertes; le boiteux bondira comme „ le cerf, & la langue des muets sera „ déliée.

Dans Baruch : „ c'est lui qui est notre „ Dieu, & nul autre ne subsistera de-

„ vant lui, si on le compare avec ce
„ qu'il est. Il a ouvert toutes les voies
„ de la vraie science & l'a donnée à
„ Jacob son serviteur, & à Israël son
„ bien-aimé. Après cela il a été vû
„ sur la terre & a conversé avec les
„ hommes. Qu'y a-t'il de plus clair au
„ monde.

Aggée : „ J'ébranlerai le Ciel, la
„ Terre & les Mers : j'agiterai toutes
„ les Nations, & celui qui est l'objet
„ des desirs de tous les peuples vien-
„ dra. Et ce tems est peu éloigné.

Isaïe : „ Je ne me tairai point, dit
„ ce Prophéte, & je ne serai point en
„ repos, à cause de l'intérêt que je
„ prens à Sion & à Jérusalem, jusqu'à
„ ce que celui qui doit être la Justice,
„ se lève comme la lumière ; & que
„ celui qui doit être son Salut, éclate
„ comme un flambeau allumé. Car
„ alors ô Sion, les Gentils verront vo-
„ tre justice, & tous les Rois verront
„ votre gloire, & vous porterez le
„ nouveau nom que Dieu lui-même
„ vous donnera.

Dieu parlant au Messie dans Isaïe :

„ Je vous ai établi pour être Mé-
„ diateur de l'Alliance du Peuple, &
„ la lumière des Nations, afin que
„ vous ouvriez les yeux des aveugles,
„ que vous mettiez en liberté ceux
„ qui font dans les liens, & que vous
„ tiriez de prifon ceux qui font dans
„ les ténèbres... C'eft peu que vous
„ me ferviez à rétablir les Tribus
„ de Jacob & à rappeller tous ceux
„ que je me fuis refervé dans Ifraël.
„ Je vous envoie pour être la lumière
„ des Nations; & c'eft par vous que
„ je fauverai tous les peuples d'une
„ extrémité du monde à l'autre. Voilà,
„ eft-il dit ailleurs, celui que j'ai don-
„ né à tous les peuples pour témoin,
„ c'eft-à-dire, pour les inftruire & pour
„ les faire fouvenir de moi & de mes
„ Commandemens qu'ils ont oubliés :
„ Pour Chef & pour Maître à toutes
„ les Nations. Peut-il y avoir rien de plus frappant que tout cela ? Le Soleil ne luit pas fi fort en plein midi. Qu'on nous dife donc pourquoi des paroles fi claires fe trouvent dans les Livres des Juifs, par

qui elles ont pû être imaginées, & quelle est cette lumière des Nations, celui par qui les peuples doivent être sauvés d'une extrémité du monde à l'autre, si ce n'est J. C. lui-même qui s'est immolé pour nous ? Ce que nous avons démontré devoir être depuis la chûte du prémier homme.

„ Vous me délivrerez, disoit Da-„ vid en la personne du Messie, des „ contradictions d'un peuple rebelle ; „ vous m'établirez le Chef des Na-„ tions. Des peuples que je n'ai pas „ connus me seront soumis : quoi-„ qu'ils n'ayent qu'entendu parler de „ moi, ils m'obéiront.

Et dans Isaïe : „ vous appellerez à „ vous des Nations à qui vous étiez „ inconnu ; & des peuples qui ne vous „ avoient pas vû, accourront à vous, „ parce que le Seigneur vous aura „ comblé de gloire. Or qui ne voit que c'est ici l'effet de la Prédication ? *Des Peuples qui n'auront pas vû le Messie & qui ne feront qu'entendre parler de lui croiront en lui.* Osera-t'on dire que cela n'est pas arrivé ? Qu'on ne perde ſurtout point de vûe que c'eſt des Juifs mêmes nos ennemis irréconciliables, dont nous empruntons tout ceci. Ainſi aucune reſſource pour dire que c'eſt dans les tems poſtérieurs que des diſcours ſi précis ont été faits. Dira-t'on que c'eſt quelqu'un qui s'eſt plû à inventer toutes ces choſes? Mais comment auroit-on pû deviner des vérités d'un ordre ſi ſupérieur : qu'il viendroit un homme aſſez puiſſant ſur la terre, pour qu'à ſon ſeul nom, des peuples entiers cruſſent en lui, & que la face de la terre fût changée. Pourquoi encore cette ſuite non-interrompue, & cet objet perpétuellement le même, annoncé de génération en génération, depuis l'inſtant de la création du monde juſqu'à la venue du Meſſie, & qu'à cette époque l'on cèſſe d'entendre renouveller la même promeſſe, & les mêmes menaces ſur Jéruſalem. Comment des hommes qui ont vécu en différens tems & qui nous ſont donnés par les Juifs mêmes, pour les plus juſtes des hommes, auroient-ils pû concerter entr'eux un plan suivi pour surprendre la crédulité humaine ; & que ces mêmes hommes ayent en même-tems si parfaitement rencontré dans des choses si élevées. Convenons qu'il ne nous reste de ressource que de détourner la tête pour n'être pas frappé par les traits d'une lumière si vive. Mais achevons de montrer le comble de notre folie.

» Le tems viendra, dit le Messie » lui-même dans Isaïe, où j'assem- » blerai les peuples de toutes les lan- » gues : ils viendront & ils verront » ma gloire. Je choisirai parmi ceux » qui seront échappés (de l'incrédu- » lité générale) des hommes que je » marquerai d'un signe particulier, & » je les enverrai aux Nations, à celles » qui sont au-delà de la mer, en Afri- » que, en Libie, aux peuples de l'Oc- » cident, à la Grèce, aux Isles les plus » reculées, à ceux qui n'ont point en- » tendu parler de moi, & qui n'ont » point vû ma gloire. Ces envoyés la » feront connoître aux Nations : ils » tireront du milieu d'elles ceux qui

» deviendront vos frères ; & ils les
» offriront à Dieu comme une obla-
» tion Sainte. Et moi, je prendrai
» parmi eux des Prêtres & des Lé-
» vites.

La langue fournit-elle des expressions assez fortes pour caractériser le degré de clarté de cette Prophétie, faite plus de 700 ans avant la venue du Messie, & dont nous voyons à chaque instant l'accomplissement, par la Prédication de la parole de Jesus-Christ. Que peut-on opposer ici ? Qu'on imagine de faire parler le Messie lui-même dans un discours fait à dessein, employera t'on des termes plus clairs, plus énergiques ? Et ce qui doit toujours renverser notre raison, c'est que c'est des Juifs mêmes que nous vient cette lumière, dont ils ont tant d'intérêt d'affoiblir la vivacité. Que l'on dise donc ce que Dieu devoit faire de plus pour marquer que la Loi qu'il vouloit donner aux hommes venoit en effet de lui, que de s'être choisi un peuple dépositaire d'une loi qu'il n'entend point, quoique la clarté y ſoit entière, qu'il ſoit en même-tems prédit qu'il ne l'entendra pas, qu'Iſraël marchant dans les ténèbres, porte néanmoins le flambeau qui éclaire les autres Nations; que cette Loi ſoit toujours conſervée telle qu'elle a été donnée, malgré l'intérêt prêſſant de la changer, & que tout ce qui pouvoit y avoir rapport ſoit annoncé dans les tems les plus reculés, pour que les hommes frappés par ces paroles d'attente (ſi l'on oſe ainſi s'énoncer) ſe rendiſſent plus attentifs à l'époque de leur accompliſſement, & euſſent un moyen certain de diſtinguer, par le caractère imprimé à une Loi ſi auguſte, l'ouvrage de Dieu, de celui des hommes

Malachie (c'eſt Dieu qui parle) „ Voici que j'envoie le Prophéte Elie „ vers vous avant que le grand & terrible jour du Seigneur arrive. Il „ tournera le cœur des Peres vers „ leurs enfans, & le cœur des enfans „ vers leur Pere, de peur que *lorſque* » *je viendrai*, je ne frappe d'anathême » toute la terre. Quelle force dans ces

„ dernières paroles ! Qui ne voit que c'eſt en effet Dieu même qui parle ici ? L'on remarquera que le retour d'Elie eſt prédit, & qu'il paroît que c'eſt à ce Prophéte qu'Iſraël devra ſa converſion, comme nous l'avons obſervé.

Oſée : » Les enfans d'Iſraël ſeront » long-tems ſans Roi, ſans Prince, » ſans Sacrifice, ſans Autel, ſans » Ephod & ſans images. Et après ce » tems ils retourneront au Seigneur » leur Dieu, & ils le chercheront, & » David leur Roi, & ils ſeront pleins de » reſpect & de crainte pour Dieu.... » Et cela arrivera dans les derniers tems. Voilà donc la reprobation des Juifs prédite huit cens ans avant qu'elle ſoit arrivée.

Amos faiſant parler Dieu : Je n'ex» terminerai pas entièrement la Mai» ſon de Jacob ; mais par le miniſtère » de ceux à qui je le commanderai, » je diſperſerai la Maiſon d'Iſraël dans » toutes les Nations par une agitation » ſemblable à celle qu'on donne au » bled quand on le ſecoue dans un » crible : & un ſeul grain ne tombera

„ pas à terre, mais sera poussé au loin
„ par l'ébranlement général. David bien auparavant avoit prédit que le pays des Juifs seroit réduit dans un affreux desert, que le peuple en seroit chassé, & qu'il se répandroit au loin.

Dieu parlant à Isaïe lui dit : „ al-
„ lez & dites à ce peuple, écoutez ce
„ que je vous dis & ne le comprenez
„ pas ; voyez ce que je vous montre,
„ & n'en ayez pas l'intelligence. Aveu-
„ glez le cœur de ce peuple ; rendez
„ ses oreilles sourdes, & fermez ses
„ yeux de peur qu'ils ne voyent, que
„ ses oreilles n'entendent, que son
„ cœur ne comprenne & qu'il ne se
„ convertisse à moi, & que je ne le
„ guérisse. Il ne faut pas demander à présent pourquoi les Juifs ne voyent pas ce que nous voyons avec tant d'évidence. Dieu frappe la maison de Jacob d'aveuglement en punition de ses crimes : & c'est cet aveuglement si justement mérité, qui lui faisant méconnoître le Messie, donne lieu à son sacrifice & au salut des Nations.

„ Dieu cache son visage à la mai-
„ son de Jacob, dit le même Prophé-

„ te. Le Seigneur ſera une pierre d'a-
„ chopement & de ſcandale pour les
„ deux maiſons d'Iſraël, un piège &
„ une occaſion de chûte aux habitans
„ de Jeruſalem. Pluſieurs d'entr'eux
„ ſe heurteront contre cette pierre,
„ ils tomberont & ſe briſeront. Et ail-
„ leurs : Le Seigneur va repandre ſur
„ vous un eſprit d'aſſoupiſſement ; il
„ vous fermera les yeux, il couvrira
„ d'un voile vos Prophétes, vos Chefs,
„ vos Conducteurs qui voyent des vi-
„ ſions, & toutes ces viſions ſeront à
„ votre égard comme les paroles d'un
„ livre cacheté avec des Sceaux, qu'on
„ donnera à un homme qui ſait lire
„ en lui diſant : liſez ce livre ; & il
„ répondra : je ne le puis, parce qu'il
„ eſt cacheté. Peut-on rien de plus fort que tout ceci ? Que l'on ſuppoſe pour un moment, que les livres de l'Ancien-Teſtament ayent été véritablement inſpirés. Je demande s'il eſt poſſible de mieux caractériſer l'aveuglement des Juifs ? Car alors J. C. ſera venu au tems marqué, il aura étonné la nature par ſes miracles ; des Nations entières ſe ſeront ſoumiſes à lui;

en un mot tout ce qui a été annoncé de l'Homme-Dieu aura été accompli de point en point : partant l'aveuglement des Juifs préparés à un si grand événement de génération en génération & dès l'origine du monde, sera tellement extraordinaire, que la raison humaine paroîtra trop foible pour le comprendre. Comment des Nations entières plongées dans les plus épaisses ténèbres de l'idolâtrie, qui n'avoient aucune idée du vrai Dieu, qui avoient toujours ignoré qu'il dût venir un homme sur la terre assez puissant pour opérer tous ces prodiges, croiront en lui ; & les Juifs également témoins des mêmes miracles, nourris dans les idées les plus sublimes de la Divinité, & préparés par tant de Prophéties à la venue de cet homme extraordinaire, qu'ils attendent encore aujourd'hui, après avoir vû l'accomplissement de tout ce qui a été prédit à eux seuls, méconnoîtront à des caractères si marqués l'objet de leur attente perpétuelle ! C'est ce qui ne peut être conçu. Et l'on voit sensiblement ici la main puiſſante de l'Eternel qui plonge cette Nation dans les ténèbres, conformément à ce qui a été prédit. Que l'on aſſemble de toutes les parties de la terre des hommes de chaque Religion, que l'on en forme un Tribunal pour juger ce peuple ſur ſa propre loi ; tous les ſuffrages ſe réuniront infailliblement à établir que ſon état actuel eſt tel qu'il a été annoncé par les Prophétes. Il n'en faut pas d'avantage pour prouver que Jeſus-Chriſt eſt venu. Car ce n'eſt qu'à cette époque que cette Nation a dû éprouver tant de diſgraces. Ainſi rien ne peut être oppoſé à des preuves de cette force.

Voici encore ce que dit le Seigneur par l'organe d'Iſaie. „ Parce que ce „ peuple s'approche de moi de bou„ che & me glorifie des levres ; mais „ que ſon cœur eſt éloigné de moi, & „ que le culte qu'il me rend ne con„ ſiſte que dans l'obſervance d'inſtitu„ tions & de traditions humaines, je „ ferai pour cette raiſon une choſe ex„ traordinaire à l'égard de ce peuple, „ un prodige, un événement ſurpre-

„ nant. La ſageſſe des ſages de ce peu-
„ ple périra ; & la lumière de ceux
„ qu'il regarde comme des hommes
„ intelligens ſera cachée. Jeſus-Chriſt
eſt donc venu puiſque tout cela eſt
arrivé, que la Synagogue eſt ſans force, ſans autorité, ſans lumière & plon-
gée dans les plus épaiſſes ténèbres.

Iſaïe faiſant parler les Juifs leur fait
dire : „ nous attendions la lumière,
„ & nous voilà dans les ténèbres; nous
„ eſpérions un grand jour, & nous
„ marchons dans une nuit ſombre :
„ nous allons comme les aveugles en
„ touchant les murailles : nous mar-
„ chons à tâtons comme ſi nous étions
„ ſans yeux : nous nous heurtons en
„ plein midi comme ſi nous étions
„ dans les ténèbres : nous ſommes dans
„ des antres obſcurs comme les morts:
„ nous rugiſſons tous comme des ours:
„ nous ſoupirons & nous gémiſſons
„ comme des colombes : nous atten-
„ dions un jugement juſte, & il n'eſt
„ point venu : nous eſpérions le ſalut,
„ & ce ſalut eſt bien loin de nous. Car
„ nos iniquités ſont multipliées de-

„ vant nos yeux, & nos péchés portent témoignage contre nous.

„ J'ai dit à une Nation qui n'invoquoit point mon nom : me voici, me voici. Au contraire j'ai étendu mes mains pendant le jour vers un peuple incrédule qui marche dans une mauvaise voie, & qui ne suit que ses pensées.

Il est encore dit „ qu'il naîtra pauvre, qu'il sera monté sur une ânesse, quoique son Empire s'étende d'une extrêmité du monde à l'autre ; qu'il ne parlera point d'un ton élevé, que l'on ne l'entendra point dans les places publiques, qu'il ne brisera point le roseau déja affoibli, & qu'il n'éteindra point la mêche qui fume encore ; qu'il sera exposé comme un étendart aux yeux de tous les peuples ; que les Juifs le verront sans le discerner, qu'il leur paroîtra méprisable, le dernier des hommes, un homme de douleurs, qu'il a pris véritablement sur soi-même nos langueurs, qu'il s'est chargé de nos douleurs, que son peuple l'a consi-

„ deré comme un lépreux, comme
„ un homme frappé de Dieu & humi-
„ lié, quoiqu'il ait été percé de playes
„ pour nos iniquités & brisé pour nos
„ crimes; que nous avons été guéris
„ par ses meurtrissures, que nous nous
„ étions égarés comme des brebis er-
„ rantes, chacun s'étant détourné
„ pour suivre sa propre voie, & que
„ Dieu l'a chargé de l'iniquité de nous
„ tous; qu'il a été offert parce que
„ lui-même il l'a voulu, & qu'il a été
„ mené à la mort comme une brebis
„ que l'on va égorger, qu'il est mort
„ après avoir été lié & condamné; que
„ la conversion des impies sera le prix
„ de sa sepulture; qu'il recevra pour
„ partage une grande multitude de
„ personnes; qu'il distribuera les dé-
„ pouilles des forts, parce qu'il s'est
„ livré à la mort; qu'il a été mis au
„ nombre des scélérats; qu'il a porté
„ le péché de tous & qu'il a prié pour
„ les violateurs de la loi. Qu'en ce
„ jour son peuple connoîtroit son nom
„ & qu'il dira alors: moi qui parlois
„ autrefois me voici présent. Que tou-

„ tes les regions de la terre le verront,
„ qu'il purifiera par ſon aſperſion les
„ Nations, que les Rois ſe tiendront
„ devant lui dans le ſilence, parce
„ que ceux à qui il n'avoit point été
„ annoncé, le verront, & que ceux
„ qui n'avoient point entendu parler
„ de lui, le contempleront. Que ſes
„ mains, ſes pieds ſeront percés, ſes os
„ comptés, ſes vêtemens partagés, ſa
„ robbe jettée au ſort : que les peu-
„ ples l'adoreront & ſe proſterneront
„ devant lui : qu'il ſera inſulté, frap-
„ pé, mocqué, qu'on lui crachera au
„ viſage, qu'il préſentera comme une
„ pierre ſans le détourner, & ſans rou-
„ gir. Qu'un jour l'eſprit de grace &
„ de prière ſeroit repandu ſur la mai-
„ ſon de David ; qu'ils jetteront alors
„ les yeux ſur lui, qu'ils pleureront
„ celui qu'ils auront bleſſé, comme
„ on pleure un fils unique ; & qu'ils
„ ſeront pénétrés de douleur comme
„ on l'eſt à la mort d'un premier né.

Que l'on confronte tout ce qu'on vient de lire ici avec ce qui eſt rapporté de Jeſus-Chriſt, & l'on verra s'il eſt poſſible de faire un tableau plus exact de tout ce qui lui eſt arrivé. Que ceux donc qui ne ſeront pas frappés d'un tel accord, nous diſent comment il a pû ſe faire que tant de choſes, ſi parfaitement circonſtanciées, ſur la vie de Jeſus-Chriſt, prédites durant une ſi longue ſuite de ſiècles, ſe trouvent ſi exactement accomplies en lui.

Jeſus-Chriſt nous dit lui-même par la bouche de David „ que ſon pere „ n'ayant point agréé les ſacrifices & „ les holocauſtes des hommes, il avoit „ dit me voici, je viens ſelon qu'il eſt „ écrit de moi à la tête du livre pour „ faire Seigneur votre volonté. O „ mort, ajoute-t-il, dans Ozée, je „ ſerai ta mort; o enfer, je ſerai ta „ deſtruction & ta perte. Voilà donc „ le ſacrifice de l'Homme-Dieu dont nous avons établi la néceſſité au commencement de ce diſcours, annoncé dès l'origine du monde, & conſommé, puiſqu'enfin tout ce qui avoit été prédit, eſt arrivé : des Nations entiéres croyent en lui, Jéruſalem eſt détruite, la maison de David dispersée dans toutes les Nations, sans Temple, sans Roi, sans Juges; & enfin la nouvelle Sion ou l'Eglise établie sur les ruines de l'ancienne, puisqu'il est constant qu'à la venue du Messie nous voyons la Synagogue disparoître, & l'Eglise s'élever sur des fondemens si solides, qu'aucune puissance de la terre n'a été capable de les ébranler. Nous ne pouvons pas douter que tout cela n'ait été prédit, puisque les Juifs mêmes nous en fournissent les preuves. Nous ne pouvons pas dire que tout cela ne soit pas arrivé, puisqu'il nous suffit d'ouvrir les yeux pour nous en convaincre. Et pour joindre encore, s'il est possible, un nouveau degré de force à ce raisonnement, nous disons de plus que depuis la chûte de nos premiers parens, cet enchaînement merveilleux, dans la suite de la Religion, a nécessairement dû se former.

CHAPITRE III.

De la venue du Messie suivant le témoignage des Juifs & des Auteurs Payens.

SI nous consultons ensuite les preuves que nous fournit l'histoire sur le tems de la venue du Messie ; nous ne serons pas moins frappés de voir que tout s'accorde avec ce que nous venons d'exposer. Le Messie étoit attendu par les Juifs même, au tems précisément où il est arrivé. Jamais ce peuple n'avoit prodigué le titre de Messie à personne que vers ce tems. Herode l'ancien fut reconnu pour tel par une Secte entière. Dosithée, Simon le Magicien, Menandre, Barcokebas reçurent succèssivement les mêmes honneurs ; tant la conjoncture des tems paroissoit favorable & se rapporter à ce qui avoit été annoncé par les Prophétes. Les Juifs firent demander à St. Jean-Baptiſte s'il n'étoit pas le Meſſie : un bruit s'étoit repandu dans toutes les Contrées de l'Orient qu'il alloit paroître un Roi dont l'heureux & vaſte Empire tiendroit tous les peuples ſous ſa tranquille domination. C'étoit de la Judée qu'il devoit ſortir, & toutes les révolutions qui devoient le précéder, étoient arrivées. (*a*) Tacite & Suetonne ſeuls Hiſtoriens de ce tems, rapportent tous les deux ce bruit comme établi par une opinion conſtante, & par une ancienne Prophétie qu'on trouvoit, diſent-ils, dans les livres ſacrés du peuple Juif. Les Oracles des Sibilles en parloient même ouvertement. Voilà donc l'Hiſtoire Sainte & l'Hiſtoire Profane d'accord ſur l'attente où étoit tout Iſrael de la venue du Meſſie. La femme Samaritaine avoit dit à Jeſus-Chriſt qu'elle ſavoit que le Chriſt alloit paroître. Quel plus

(*a*) *Tac. Liv.* 5. *Suet. in Veſp. Cap.* 4.

plus éclatant témoignage de l'apparition de l'Homme-Dieu ? Il est attendu au moment même où tout retentit de ses miracles, & quand le Peuple Juif par un aveuglement prédit tant de fois, court après les faux Messies, & persécute le véritable. Les miracles de l'Homme-Dieu ont porté un tel caractère d'évidence que l'antiquité profane n'a pû en affoiblir l'authenticité.

Chalcidius Philosophe Platonicien dans son Commentaire sur le Timée de Platon, nous dit en termes exprès „ qu'un Dieu qui mérite notre vénération, est descendu du Ciel en terre „ uniquement pour le bonheur du „ genre humain ; que ce grand bienfait du Ciel fut marqué aux hommes par l'apparition d'une nouvelle „ étoile qui leur annonçoit non pas „ des morts ni des maladies ; mais la „ descente de ce Dieu Sauveur. Il „ ajoute que les Chaldéens fort distingués par leur sagesse & leur habileté dans l'astronomie, ayant remarqué la nouvelle étoile, & examiné

„ son mouvement nocturne, se déter-
„ minèrent à aller chercher le Dieu
„ qu'elle annonçoit, & qui ne venoit
„ que de naître, & que l'ayant trouvé
„ ils lui rendirent les vœux & les
„ hommages qui convenoient à la
„ Majesté d'un si grand Dieu, quoi-
„ que Sa Majesté fut voilée sous la
„ figure d'un enfant. Y a-t'il rien de plus fort que le témoignage d'un des plus célèbres payens, sur la Divinité & l'incarnation du Verbe & l'adoration des Mages. Nehumias, Docteur Juif, qui vivoit 50 ans avant Jesus-Christ, annonça sur les 70 semaines de Daniel, qu'avant que cinquante ans fussent écoulés on verroit l'accomplissement de cet Oracle. Le Rabin Josué qui a vû la ruine du Temple, assuroit que le Messie étoit venu. Jarchi, autre Rabin, expliquoit les 70 semaines de Daniel comme nous.

Pilate avoit déposé dans les archives du peuple Romain le détail des merveilles que Jesus-Christ avoit opérées en Judée, suivant l'usage établi à Rome d'informer l'Empire de tout ce qui se passoit de plus remarquable dans les Provinces soumises à sa domination. Ces actes étoient des monumens trop précieux pour rester oisifs ; aussi les Chrétiens des prémiers siècles les ont-ils souvent cités aux Payens, comme Saint Justin qui touchoit au tems Apostolique, Eusebe, Tertulien. Les miracles de Jesus-Christ, les causes & les circonstances extraordinaires de sa mort, la multitude incroyable de personnes de toute sorte de rang attachées à sa doctrine, sa resurrection, son ascension, & les prodiges que ses Disciples faisoient chaque jour au milieu de Jérusalem, dont les Pharisiens leurs ennemis ne pouvoient même disconvenir : tous ces faits dont le bruit remplissoit la Palestine, étoient circonstanciés dans la relation de Pilate Gouverneur de Judée. » Il ne tient qu'à » vous, disoit St. Justin aux Payens, » de vous assurer par la lecture des » actes dressés sous Pilate, que les » choses se sont passées comme je vous

» le dis. Et ce qu'il y a encore de bien remarquable, c'est que Tibere frappé des témoignages que toute la terre sembloit rendre à la divinité du Messie, proposa au Sénat d'adopter Jesus-Christ au nombre des Dieux qu'on adoroit dans le Capitole. Ce fait étoit encore déposé dans les archives publiques, comme le témoignent les prémiers Chrétiens ; & quoique le Sénat eut fait échouer ce dessein de Tibere, cet Empereur persista toujours, au rapport de Tertulien, à croire que Jesus-Christ étoit véritablement Dieu ; tant il étoit notoire que ce qu'on en rapportoit, surpassoit les forces de la nature. Voilà un fait de toute notoriété, puisque les prémiers Chrétiens s'en servoient contre les Payens même pour confirmer, par leur propre témoignage, tout ce qu'ils attestoient de l'Homme-Dieu. Rien ne peut être opposé à une preuve si complette. Pilate avoit lui-même livré Jesus-Christ aux Juifs, il étoit sur les lieux, & par conséquent à portée de fournir à l'Empereur toutes les instructions qu'il pouvoit desirer sur ce point. Au reste l'on ne doit point confondre ces actes avec ceux qui ont paru publiquement dans la suite, sous le même nom de Pilate, qui sont des pièces qui subsistent encore dans quelques Auteurs, & que les Chrétiens mêmes ont regardées comme supposées. Je parle ici de ceux qui dans la primitive Eglise étoient déposés dans les archives du peuple Romain, de ceux que les Chrétiens citoient avec tant de confiance à Rome, sans crainte d'être désavoués.

Un témoignage de la Divinité de Jesus-Christ, qui n'est guères moins illustre, est celui que nous lisons dans tous les manuscrits des antiquités Judaïques, dans toutes les traductions qui ont été faites de ce Livre, dans l'ancienne version Hébraïque qui existe actuellement au Vatican, qu'Eusebe qui vivoit au troisième siècle, c'est-à-dire un siècle après Joseph, Auteur de ces antiquités, St. Jerôme, Sophronius, Ruffin, Isidore, Sozomene, Cedrene, Nicephore, Suidas ont cité avec tant d'appareil. Le Voici.

„ En ce tems-là, dit Joseph, parut „ Jesus homme sage, si néanmoins il „ faut l'appeller un Homme ; car il „ étoit puissant en merveilles & le „ maître de ceux qui aimoient la ver- „ tu. Il attacha plusieurs d'entre les „ Juifs à sa doctrine & beaucoup de „ Gentils. Il étoit le Christ. Malgré „ le supplice de la Croix auquel Pi- „ late le condamna sur les poursuites „ des Chefs de la Nation, ses pré- „ miers Disciples ne cèsserent de lui „ demeurer unis: il leur apparut vivant „ trois jours après sa mort, selon que „ l'avoient prédit les Prophétes, avec „ les autres prodiges de sa vie ; & „ jusqu'à ce jour ses Sectateurs ont „ continué de subsister sous le nom „ de Chrétiens qu'ils empruntent de „ lui.

Ce passage est totalement décisif, & sa force est telle, que quelques Auteurs du dernier siècle n'ont pû l'affoiblir qu'en supposant qu'il avoit été inséré dans l'ouvrage dans les tems postérieurs, par une main étrangère. Une allégation si foible contre une autorité si grande, ne peut se mettre en parallèle. Rien de plus aisé que de dire froidement qu'un ouvrage a été falsifié ; mais la difficulté est de le prouver. Il faut donc nous dire par qui, & dans quel tems, & qu'on le prouve par des témoignages irréfragables. Qu'on nous explique comment il a pû se faire qu'un Livre aussi prodigieusement répandu que celui de Joseph, traduit en tant de langues différentes, ait pû échapper durant tant de siècles à la critique qui n'eut pas manqué de s'élever, si les manuscrits originaux n'avoient pas renfermé le passage dont il est ici question. Car Eusebe qui l'a cité comme une autorité un siècle après la mort de Joseph, eût sans doute fait une dissertation particulière pour établir son opinion, si le fait avoit été seulement contesté de vive voix ; & nous verrions aujourd'hui dans les écrits de ce grand homme, les raisons pour & contre qui nous mettroient à portée de juger la contestation. Et ce même raisonnement pouvant être fait pour les siècles qui ont suivi, l'on voit la nécèssité que parmi tant d'écrits qui nous restent des anciens, il dût s'en trouver quelques-uns qui fissent mention de ce différent, comme il arrive aujourd'hui depuis que l'on s'est avisé de former une difficulté sur ce point. Or puisqu'il n'a jamais été question d'éclaircir le moindre doute sur la vérité de cet endroit de Joseph que dans ces derniers tems, quoique ce passage ait été cité tant de fois, c'est une preuve que de tous les tems l'on a été assuré de la vérité du témoignage illustre, qu'en effet Joseph a rendu à la Divinité de Jesus-Christ : que ce point n'a jamais été mis en doute. Et partant rien de plus foible qu'une critique qui s'élève seize cens ans après sur un fait de toute notoriété. Ne diroit-on pas que c'est ici le seul témoignage que les Juifs ont rendu à la vérité des miracles de Jesus-Christ ? Et qui ignore que les Talmudistes les ont avoués de la manière la plus claire

& la plus formelle. Ils disent à la vérité, *que Jesus-Christ n'avoit fait tant de prodiges qu'en vertu du secret qu'il eut de prononcer le nom de Dieu.* Mais leur commentaire nous est ici inutile : il est question du fait ; dès qu'il est avoué tout est dit. Par conséquent Joseph n'a pas au fonds tenu un langage différent des autres Juifs. Tous accordent que le Dieu des Chrétiens a étonné la terre par ses merveilles ; & c'est-là tout ce que nous avons besoin d'établir. Or un aveu de cette espèce une fois prouvé, rien au monde n'est capable d'affoiblir les conséquences qui en dérivent naturellement : car certainement il faut que les miracles de Jesus-Christ ayent été bien authentiques, pour que les Juifs qui l'ont crucifié, soient forcés de les avouer. En fait d'argumens établis sur des faits historiques, il ne peut y en avoir de plus fort que celui-ci. Ainsi qu'on ne s'étonne point pourquoi les Juifs en faisant un aveu de cette espèce, persévérent à ne pas croire en Jesus-Christ. Premierement nous avons vû que Dieu les avoit frappés d'aveuglement, & c'eſt d'eux-mêmes que nous l'apprenons : mais à ne raiſonner que ſuivant le cours ordinaire des choſes, les hommes ſont rarement conſéquens dans leurs principes. Tel homme qui eſt aujourd'hui bien convaincu de la vérité de notre Religion, n'en ſuit pas les maximes dans la pratique. On peut en dire autant de Joſeph, il a vû très-diſtinctement que Jeſus-Chriſt étoit véritablement le Meſſie promis par les Prophétes ; il s'eſt contenté de le dire comme Hiſtorien. Cet aveu de ſa part eſt beaucoup plus fort que s'il avoit dit les mêmes choſes comme Chrétien, ou prêt à le devenir. Car on pourroit alors à plus juſte titre le taxer d'avoir voulu favoriſer l'opinion pour laquelle il étoit prêt de ſe déclarer. Remarquons en paſſant que ſi l'on adoptoit le ſyſtême de ces critiques modernes, il nous ſeroit impoſſible de pouvoir jamais rien citer en faveur de la Religion : car s'il étoit queſtion d'aveux d'Auteurs Juifs ou Payens, on les rendroit nuls en difant comme l'on fait, qu'il ne feroit pas naturel que tels Auteurs euffent voulu favorifer la Religion qu'ils ne croyoient pas, & que certainement les paffages cités devoient avoir été inferés dans l'ouvrage par une fraude pieufe : & fi au contraire les Auteurs étoient Chrétiens, leur témoignage feroit fans force, puifqu'on ne manqueroit pas de dire qu'ils auroient cherché à favorifer la Religion qu'ils avoient embraffée. Par conféquent dans la fuppofition, où l'Hiftoire fourniroit en effet des traits qui nous feroient favorables, l'on nous mettroit dans l'impoffibilité de pouvoir jamais en faire ufage, ce qui feroit le comble de l'injuftice. Voilà cependant comment l'on s'y prend pour faper les fondemens des vérités éternelles, qui fubfifteront néanmoins toujours malgré la malice des hommes. St Jerôme nous apprend que de fon tems quantité de Juifs qui ne fe convertiffoient pas, étoient néanmoins convaincus de la vérité de la venue du Meffie. L'homme eft rempli de ces inconféquences,

& ce seroit mal le connoître, que de lui supposer en général plus de suite dans sa conduite.

Josephe ne se contente pas de parler de Jesus-Christ, comme nous venons de le voir, il fait encore un magnifique éloge de St. Jean-Baptiste qu'il reconnoît avoir été un très-grand Prophéte, un homme rempli de zéle, qui exhortoit les Chrétiens à recevoir le Batême, après s'être rendus agréables à Dieu par la justice, & s'être purifiés par la pénitence. Il parle encore du traitement injuste que les Juifs firent éprouver à St. Jacques le Mineur, prémier Evêque de Jérusalem, & frere de Jesus-Christ; car c'est ainsi qu'il le nomme, & c'est par-là qu'il le désigne) il fait mention du murmure général que cette mort excita, qui fut, dit-il, détestée de tous les gens de bien, qui occasionna des plaintes au Roi Agrippa, à Albin Gouverneur de la Judée, & à laquelle on attribua les maux affreux dont la ville de Jérusalem fut bientôt accablée. Cette derniere circonstance ne se trouve plus dans les exemplaires qui nous restent des antiquités Judaïques ; mais on l'y trouvoit du tems d'Origene, d'Eusebe & de St. Jerôme qui la rapportent, sans que l'on s'avisât de la leur contester. Ainsi l'on voit que tout ceci coule de la même source, & qu'il est hors de tout doute que Josephe étoit très-convaincu de la venue du Messie.

Tibère ne fut pas le seul des Empereurs qui voulût faire recevoir Jesus-Christ au nombre des Dieux qu'adoroit Rome : Lampride nous apprend qu'Adrien & Alexandre Severe avoient eu le même dessein. ,, Il voulut, nous ,, dit cet Historien, faire ériger un ,, Temple à Jesus-Christ & le faire re-,, cevoir au nombre des Dieux. On dit ,, qu'Adrien avoit eu le même dessein. ,, Ce Prince fit bâtir dans toutes les ,, Villes des Temples sans idoles, ,, qu'on nomme encore aujourd'hui ,, hadriannées, parce qu'ils sont sans ,, idoles, & qu'ils avoient été prépa-,, rés par Adrien pour Jesus-Christ, ,, mais il n'exécuta pas son dessein, & ,, il en fut détourné par ceux qui ayant

„ consulté les oracles, furent avertis „ que si cela se faisoit ainsi, comme „ bien des gens le souhaitoient, tout „ le monde embrasseroit la Religion „ Chrétienne & les autres Temples „ seroient abandonnés. Que l'on pèse comme on le doit toutes ces paroles d'un Auteur Payen, & l'on verra s'il est possible de rien exposer de plus favorable à la Religion Chrétienne. Il falloit qu'on fût bien frappé de la vérité des miracles de Jesus-Christ, pour entreprendre de lui ériger tant de Temples. Et la crainte que tout le monde n'embrassât la Religion Chrétienne, est surtout bien remarquable ici.

L'Empereur Julien malgré son aversion naturelle contre les Chrétiens, fut forcé de reconnoître les miracles de Jesus-Christ (*a*). Libanius Auteur Payen cite plusieurs faits extraordinaires arrivés par l'entremise des Chrétiens, comme le silence de l'oracle de

(*a*) *Lib. pag.* 185. & 399. *th.* 2.

Delphes, la destruction de celui de Daphné consumé par le feu du Ciel. Il qualifie les Chrétiens d'*amis de Dieu*, & dit qu'ils étoient honorés comme tels.

Le Prophéte Amos avoit prédit aux Juifs près de huit cens ans avant que le Messie parût „ que le soleil se cou-
„ cheroit pour eux en plein midi, &
„ & que Dieu couvriroit la terre de
„ ténèbres lorsqu'elle devroit être
„ pleine de lumière. Or les Evangelistes nous apprennent qu'il y eut en effet une éclipse de soleil totale pendant le crucifiement de Jesus-Christ, & que la terre fut couverte de ténèbres, depuis midi jusqu'à trois heures. Ce prodige qui est arrivé contre l'ordre de la nature, au tems du plein même de la lune, a été remarqué par les Payens comme quelque chose de fort extraordinaire. Phlegon dans son histoire des Olympiades, ouvrage fort estimé des Savans de tous les siècles, après avoir attesté „ que Jesus-
„ Christ a été un vrai Prophéte, qu'il
„ a connu l'avenir, qu'il l'a prédit &

„ que toutes ſes prédictions ont été
„ accomplies de point en point ; que
„ celles de l'Apôtre Saint Pierre
„ aux Juifs, ſur leur ruine prochaine
„ & ſur celles de Jéruſalem, avoient
„ toutes été exactement vérifiées par
„ l'événement, ce qui devoit être re-
„ gardé comme l'effet d'une force ma-
„ jeure & d'une volonté divine. Cet
Auteur, dis-je, après avoir rendu un tel témoignage à notre Religion, en rend un autre, ſans le ſçavoir, qui n'eſt gueres moins éclatant, à l'occaſion de l'éclypſe de ſoleil arrivée la quatrième & dernière année de la 202. Olympiade, qui fut, comme on le ſçait, la dix-huitième année de l'Empire de Tibère & celle de la mort de Jeſus-Chriſt.

„ La quatrième année de la deux
„ cent deuxième olympiade dit cet
„ Auteur, il y eut une éclypſe de ſo-
„ leil la plus grande qu'on eût encore
„ vûe : il s'éleva à la ſixiéme heure du
„ jour (ce qui répond à celle de midi
„ ſuivant notre manière de compter)
„ une nuit ſi ſombre, que les étoiles
„ paroiſſoient dans le Ciel, & un

„ grand tremblement de terre (comme le rapportent les Evangelistes) „ renversa plusieurs maisons de la ville de Nicée en Bithynie. Or de l'aveu de tous les Astronomes, il n'a pû y avoir d'éclypse naturelle pendant tout le cours de cette dix-huitième année de l'empire de Tibère. Donc c'est une nécessité de recourir ici à la puissance infinie de Dieu, qui a bien voulu déranger pendant quelques heures le système de l'Univers, pour nous donner une preuve frappante de la Divinité du Messie ; & cette preuve a toujours paru si forte, que ni Julien ni Porphire, ni les autres Payens n'ont jamais eu un seul mot à y répliquer. Thalus Auteur Grec qui vivoit dès le premier siècle de l'Eglise & plus anciennement que Phlegon, avoit aussi remarqué au troisième livre de ses Histoires Siriaques, ces ténèbres soudaines qui obscurcirent la terre en plein midi la dix-huitième année de l'empire de Tibère. Les annales du Peuple Romain, & les registres publics de Rome & des Provinces en faisoient également mention; puisque le St. Martyr Lucien, Eusebe, Tertulien, Origène, Jule Africain, St. Jerôme ne cessoient de les citer aux Romains, ainsi que le double témoignage de Phlegon & de Thalus. „ Interrogéz „ vos annales, disoient-ils, & vous „ trouverez que du tems de Pilate, à „ la mort du Sauveur, le soleil dis- „ parut, & des ténèbres soudaines „ s'élevèrent en plein midi.

Ce fait mémorable est encore rapporté dans l'Histoire de la Chine d'Hadrien Gresson. Les Peres Couplet, Intorceta & Rougemont en parlent aussi dans leur Confucius; & le sçavant Evêque d'Avranche en fait mention dans sa démonstration Evangelique. Il paroît donc par ces Auteurs, que sous le regne du sage Roi Chinois Quam-vu-ti, il y eut dans le mois d'Avril une éclipse de soleil qui fut totale, & qui étonna fort ce Prince, parceque, disent-ils, elle arriva contre le cours régulier de la nature, & qu'elle mit en desordre leurs Astronomes, leurs Tribunaux, & dérangea absolument toutes leurs observations ; & l'époque qu'ils donnent à cet événement extraordinaire, répond précisément à la quatrième année de la deux cent deuxième olympiade, & à la dix-huitième année du regne de l'Empereur Tibère, qui est la même que celle de la mort de Jesus-Christ. Ainsi tout quadre ; l'année, le mois de l'éclypse, sa totalité, & le dérangement du systême & du cours des astres.

Je voudrois sçavoir ce qu'il est possible de répondre contre un fait si universellement constaté. Au reste, il sera bon de remarquer, que cet événement a ici une double force : il a prémièrement été annoncé par les Prophétes ; ainsi quand bien même il seroit possible de l'expliquer physiquement, il resteroit à rendre compte de la manière avec laquelle il a pû être prédit, comment on a pû deviner, qu'au tems du Messie le soleil seroit éclypsé en plein midi. Et comme ces ténèbres sont arrivées contre l'ordre de la nature, l'on voit encore que cette circonstance place ce fait, à double titre, dans l'ordre de ceux qui n'ont pû être dévoilés aux hommes que par une révélation vraiment divine.

Porphire l'un des plus grands ennemis qu'ayent eû les Chrétiens, a cependant rapporté comme le remarque St. Augustin dans son livre de la Cité de Dieu, chap. 19 ,, que J. C. a ,,été dans le fonds un homme très-reli- ,,gieux, très-saint, qu'il est ressuscité, ,,qu'il est monté aux Cieux, qu'il est de- ,, venu immortel depuis son ascension ,, & qu'il faut bien se donner de gar- ,, de de le blasphêmer ni d'en mal ,, parler. Il confesse comme l'observe Eusebe dans sa préparation Evangelique, livre 10 ,, que tout ce que Moï- ,, se a dit des Juifs, est vrai à la lettre, ,, qu'il n'y a rien à répliquer aux Pro- ,, phéties de Daniel, tant elles sont ,, claires & précises, dit-il. Et le moyen qu'il donne pour en éluder la force, se réduit à avancer froidement & sans en donner la moindre espèce de preuve, qu'il faut bien qu'elles ayent été faites après coup, comme si les Juifs se seroient plû à composer des pièces qui sont manifestement contr'eux & si une telle opinion auroit la moindre vraisemblance, sans compter que rien de plus aisé que de démontrer la grande antériorité de ces livres au tems de la venue du Messie. Il fait encore dire à Apollon „ qu'il est condamné au si„ lence & chassé de son Temple par „ l'Esprit saint, que les Chrétiens ado„ rent, & qui est l'ame de l'univers ; „ que le Dieu des Hébreux est le plus „ puissant de tous les Dieux ; qu'il est „ redouté du Ciel, de la terre, de la „ mer & des enfers les plus profonds, „ & que jusques aux autres Dieux „ tremblent devant lui. Voyez saint Aug. *de Civit. Dei*, *liv.* 19. *ch.* 25.

Voici encore ce que cet Auteur déclare dans son livre contre les Chrétiens. „ Ce que je vais ajouter, dit„ il, va peut-être surprendre bien des „ gens ; c'est que les Dieux ont dé„ claré positivement que le Christ a „ été un homme très-religieux, & „ qu'il est devenu immortel. Ces mê„ mes Dieux parlent de lui avec de

„ grands éloges. La Déesse Hécate
„ pressée de dire quel homme étoit
„ Jesus Christ, a répondu que c'étoit
„ un homme d'une très-grande piété,
„ & qui avoit acquis par sa mort
„ l'immortalité dont il jouit à pré-
„ sent. Cette même Déesse interro-
„ gée pourquoi donc cet homme saint
„ avoit été condamné à la mort, ré-
„ pondit, que son corps avoit succom-
„ bé sous les supplices ; mais que son
„ ame étoit dans le Ciel avec les ames
„ bienheureuses. C'est St. Augustin chap. 22. qui nous a conservé ce précieux témoignage du Paganisme en faveur de la Divinité & de la Sainteté de Jesus-Christ. Eusebe liv. 5. rapporte un autre témoignage non moins éclatant rendu par Porphire : „ qu'il
„ ne falloit pas être surpris si les
„ Dieux ne donnoient plus nul se-
„ cours aux Romains, puisqu'on souf-
„ froit que les Peuples adorassent im-
„ punément Jesus ; que c'étoit ce Je-
„ sus seul qui empêchoit Esculape &
„ tous les autres Dieux de venir au
„ secours de l'Empire, & d'arrêter le

„ cours de la contagion qui le rava-
„ geoit. Cette idée que Jesus-Christ opéroit tous ces effets, étoit générale chez les Payens; & c'est de-là que leur venoit cette haine implacable qu'ils avoient contre les Chrétiens, & qui causa tant de persécutions dans les prémiers siècles de l'Eglise. Porphire fait encore dire à Appollon: „ gemis-
„ sez temples, désolez-vous trépieds;
„ Appollon vous quitte enfin, & il
„ vous quitte contraint par une lumiè-
„ re céleste, & par une force supé-
„ rieure à laquelle il ne peut résister.
„ La Prêtresse a perdu la voix; elle
„ est condamnée depuis long-tems au
„ silence. Et toi malheureux Prêtre,
„ ne m'interroge plus ni sur le Pere
„ Divin, ni sur son Fils unique, ni sur
„ l'esprit Saint, qui est l'ame du mon-
„ de. C'est ce même esprit qui me
„ chasse de ces lieux. Je n'en sçais pas d'avantage. *Euseb. prép. Evang. liv.* 5.

Il est certain qu'il y a dans tout ceci quelque chose de si extraordinaire, qu'il est impossible de le comprendre. Ce sont les plus grands ennemis du

Chriſtianiſme qui nous apprennent des traits de cette force, que ſans eux nous euſſions vraiſemblablement ignorés. Nous ne pouvons pas dire qu'ils ayent été ajoutés après coup; puiſque Porphire vivoit dans le troiſième ſiècle de l'Egliſe, & que ſon ouvrage étoit public lorſque les Saints Peres le combattirent & firent les extraits dont nous venons de parler, oppoſant continuellement Porphire à lui-même. Convenons qu'il ne falloit pas moins qu'un intérêt auſſi grand que celui du ſalut des hommes pour que tant de lumière ait rejailli du ſein même du Paganiſme.

L'Empereur Julien dans ſa haine implacable contre les Chrétiens entreprend de faire rebâtir le Temple de Jeruſalem, dans la vûe de démentir les Prophéties, & particulièrement celle de Jeſus-Chriſt qui porte qu'il n'y reſtera pas pierre ſur pierre, celle de Daniel qui aſſure que la déſolation durera juſqu'à la fin. Les Juifs en conſéquence ſont invités de toutes les parties du monde, ils ſe rendent en diligence devant Jéruſalem, tout retentit

tentit de leurs cris d'allégresse, l'Empereur appuye l'entreprise de toute sa puissance ; rien n'est épargné pour en jetter les fondemens avec éclat, & hâter l'édifice. Les plus excellens ouvriers de l'Empire y sont employés, les trésoriers ont ordre de fournir libéralement toutes les sommes qui leur seront demandées. Le Gouverneur de la Province doit favoriser les travaux & en rendre compte à l'Empereur, comme de l'affaire qui l'intéresse le plus. Alypius ancien Vicaire du Préfet du Prétoire en Angleterre, favori & intime confident de l'Empereur, est nommé pour présider à l'exécution de l'entreprise (*a*) ; les Juifs de leur côté cherchent à se signaler par le plus grand appareil, des pics, des peles & des Corbeilles d'argent sont destinées au remuement & au transport des terres. Les femmes mê-

(*a*) *Théodor.*

mes les plus distinguées de cette Nation se disputent à l'envi la gloire d'en porter dans le pan de leurs robes les plus précieuses. Quel fut enfin l'événement d'une entreprise concertée avec tant d'éclat ? Ammien Marcellin Auteur Payen, qui n'a écrit que des événemens de son tems, dont il a été témoin, ou même à quoi il n'ait eu bonne part, l'un des principaux Officiers de l'Empire, & grand admirateur de Julien, va nous l'apprendre.

Pendant qu'Alypius aidé du Gou-
„ verneur de la Province pressoit for-
„ tement l'ouvrage, de terribles glo-
„ bes de feu sortirent des fondemens
„ qu'ils avoient ébranlés par des se-
„ cousses violentes. Les ouvriers qui
„ recommencerent souvent l'ouvrage,
„ furent brûlés à diverses reprises ;
„ ainsi le feu s'obstinant à les repous-
„ ser, le lieu devint inaccessible &
„ l'entreprise cèssa.

Si l'on ne reconnoît point ici l'effet manifeste de la Puissance divine, je ne sçais à quels traits il faudra la reconnoître. L'on comprend bien qu'un prodige de cette eſpèce ne fut point opéré ſans fruit : un grand nombre de Juifs & de Gentils, qui en furent les témoins, ſe convertirent. Ce ſeul trait eſt encore déciſif en faveur de la Religion ; puiſqu'il renferme un des points les plus importans de notre croyance. Dès qu'il eſt démontré que les efforts humains ſont inſuffiſans pour remettre les Juifs dans leur état primitif, par le rétabliſſement de leur temple, de leurs lois, de leur Synagogue, de leurs ſacrifices ; c'eſt une preuve frappante que tout ce qui a été prédit par leurs Prophétes, & par Jeſus-Chriſt lui-même doit avoir ſon accompliſſement, & que Dieu a véritablement inſpiré ces hommes qui nous ont révélé ces vérités.

L'on doit bien s'attendre à des détails plus circonſtanciés de la part des Chrétiens & des Auteurs Eccléſiaſtiques qui ont parlé de cet événement. Théodoret, Sozomene, Ruffin nous apprennent qu'un tourbillon impétueux emporta dans un instant le sable, la chaux & les autres matériaux dont on avoit fait des amas prodigieux ; qu'un tremblement de terre survenant tout à coup jetta au loin de tous côtés de grands quartiers de pierre qu'on avoit assemblés, fit tomber tous les édifices d'alentour, & renversa les galeries où logeoit un grand nombre d'ouvriers, qui furent accablés sous leurs ruines : que le feu consuma même les marteaux, les scies, les ciseaux & les autres outils qu'on avoit enfermés dans un lieu souterrain ; qu'il recommença à plusieurs reprises dans la journée : que les Juifs, qui s'obstinoient de plus en plus à ce travail, furent tous consumés ou repoussés ; & pour qu'il ne restât rien à désirer, sur la certitude du prodige, que la nuit suivante & le jour d'après la figure d'une croix toute éclatante de lumière parut en l'air depuis le Calvaire, jusqu'à la montagne des oliviers, environnée d'un cercle semblable : que les habits des Chrétiens & des Juifs se trouvèrent en même-temps marqués de la figure ineffaçable de cette croix, dont aucune broderie ne pouvoit imiter la beauté. St. Jean Chrisostome parlant publiquement de ce prodige, vingt ou vingt-cinq ans après qu'il fut arrivé, disoit que plusieurs de ses auditeurs en avoient pû être les témoins oculaires; qu'on voyoit encore les fondemens ouverts, & les débris d'une entreprise abandonnée. St. Gregoire de Nazianze ne craint point de dire que dans le tems qu'il écrivoit, & qu'il parloit, l'on voyoit encore sur les habits des Juifs & des Chrétiens ces croix ineffaçables. Et St. Ambroise dans une lettre qu'il écrivit, peu d'années après au grand Théodose, rappelle le souvenir de cette merveille comme une chose connue de tout l'univers. Voilà donc un miracle bien attesté & d'un caractère singulier, auquel il n'y a rien à repliquer.

Je ne parlerai point des autres prodiges non moins avoués par les Auteurs ſacrés & les Auteurs Payens ; de la Légion Chrétienne qui ſauvé miraculeuſement l'armée Romaine par une pluie mêlée de foudre ; fait atteſté par le témoignage de marc Aurele même, ennemi des Chrétiens, par Dion, par Capitolin, Claudien, Themiſtius tous quatre Payens, ni des choſes extraordinaires que Joſephe rapporte être arrivées au ſiège de Jéruſalem, des paroles remarquables de Titus, qui ne ſe regardoit lui-même que comme l'inſtrument qu'employoit la Puiſſance Divine pour exterminer les habitans de cette Ville ; ni de la ceſſation des oracles à meſure que l'Evangile eſt prêché, ni de l'aveu que Celſe a été obligé de faire des miracles de Jeſus-Chriſt, dans le livre même où il cherchoit à les combattre tant ces miracles avoient imprimé un caractère de reſpect dans les prémiers ſiècles de l'Egliſe ; ni de l'admiration que pluſieurs Philoſophes Payens témoignoient à la lecture de nos livres Saints, ni enfin des miracles opérés par nombre de Martyrs de la foi Chrétienne. Je crois que ceux qui liront cet ouvrage seront convaincus que j'en ai assez dit pour prouver la Divinité de notre Religion. J'ai rassemblé à cet effet ce que j'ai trouvé répandu dans plusieurs livres qui traitent de la même matière, & il m'a paru que ces vérités ainsi enchaînées l'une à l'autre étoient capables de faire beaucoup d'impression sur tout esprit raisonnable.

Ne cessons donc de déplorer l'étrange aveuglement de l'esprit humain, de préférer quelques hypothèses particulières, sans force, sans suite, sans autorité à une lumière si éclatante. La seule liberté que se donnent les hommes d'établir des opinions en matière de Religion, est une preuve manifeste de leur fausseté. Qui sommes-nous en bonne foi pour oser proposer à nos semblables des systêmes dont nous serons les inventeurs? Chaque individu de notre espèce n'aura-t'il pas le même droit ? Et si tous s'en avisent, comment parvenir à nous accorder ? Et quand bien même nous nous accorderions, en résulteroit-il jamais autre chose, qu'un systême purement humain, qui dès-là même ne pourroit être de précepte pour personne. Nous ne prenons donc pas la bonne voie dans la recherche que nous faisons d'une vérité qu'il nous importe si fort de connoître, lorsque nous ne consultons que notre imagination. Il faut partir d'un autre point & dire : s'il existe des vérités en matière de Religion, elles doivent venir de Dieu, partant l'Etre Suprême les aura révélées aux hommes. Il est donc inutile que je cherche ces vérités dans mon esprit qui pourroit me tromper & m'éloigner du but. Un coup d'œil jetté sur la surface de la terre va bientôt m'apprendre ce qui en est ; car ayant dû être révélées les peuples qui s'y conforment actuellement, doivent les croire comme telles. Passons à présent en revûe les différents cultes, les diverses Religions repandues dans l'univers & voyons ſur quoi elles ſont fondées : mais que le doigt de Dieu ſoit imprimé ſur tout ; car il faut d'abord que l'on me montre que la loi vient originairement de lui : ce qui ne me ſuffit point encore, attendu qu'elle pourroit bien n'être plus ſon ouvrage par les changemens que les hommes auroient pû y faire. Je veux encore que l'on me prouve que depuis l'origine de cette loi juſqu'à la fin des tems, l'Etre Suprême a employé tous les moyens pratiquables dans le ſyſtême actuel du monde, pour que cette loi ne fût jamais altérée. Ce n'eſt que par-là que je puis être aſſuré qu'elle exiſte en effet à préſent, telle qu'elle a été donnée dans l'origine.

Que l'on parte de-là comme on le doit, & l'on verra la nécèſſité de recourir à nos Livres ſacrés, qui ſeuls établiſſent inconteſtablement le fait d'une loi donnée par Dieu, commiſe à la garde de tout un peuple témoin des prodiges que Dieu n'a cèſſé d'opérer en leur faveur, avec injonction d'y jamais rien changer ; l'établissement d'un Ordre Sacerdotal que Dieu promet d'assister de ses lumières, par lequel cette loi est continuellement sous les yeux de la Divinité, depuis son origine jusqu'à la consommation des siècles ; car les Patriarches, la Synagogue, Jesus-Christ, & l'Eglise embrassent tous les tems de l'ancienne & de la nouvelle Loi, sans laisser le moindre intervalle, qu'est-ce qu'il y a à répliquer ici ? Les annales du peuple Juif ne font-elles pas foi que Moyse a écrit la Loi par ordre de Dieu ? La Mission de ce Législateur n'est-elle pas authorisée par des miracles opérés devant tout le peuple qu'il gouvernoit, & qu'il ne gouvernoit que par là même qu'il faisoit des miracles, car ce gouvernement étoit tout à fait spirituel. Moyse se disoit envoyé de Dieu, c'est en cette qualité qu'il commandoit aux Juifs, il falloit donc qu'il prouvât sa Mission par des prodiges réitérés, pour que tout un grand peuple se soumît & à Moyse, & à la Loi. Les Juifs conservent encore cette Loi; la Synagogue fut établie pour juger les différens qu'elle pouvoit occasionner. Ses décisions étoient irrévocables & infaillibles, puisque Dieu avoit promis d'assister l'ordre Sacerdotal de ses lumières. A la Synagogue succède Jesus-Christ, Fils de Dieu, auteur de la Loi nouvelle; à Jesus-Christ l'Eglise qui le représente sur la terre, & commise à la garde de cette même Loi, laquelle a lancé tant d'anathêmes contre les Novateurs. Y-a-t'il une chaîne plus immédiate; plus de preuves de toute espèce de la divinité de notre Religion? Car tout s'accorde ici parfaitement, la Foi, les faits & la Raison.

Fin de la troisième & dernière Partie.

TABLE DES CHAPITRES

Contenus dans cette Partie.

CHAPITRE PREMIER.

CHAPITRE II.

CHAPITRE III.

Fautes à corriger.

Première Partie.

PAGE 3. *ligne* 2. d'expérience, *lisez* d'expériences.
P. 4. *l.* 25. diminue, *lisez* diminuée.
P. 6. *l.* 3. effacez la virgule qui est après disposition.
P. 15. *l.* 13. superflus, *lisez* superflues.
P. 18. *l.* 9. d'un, *lisez* d'une.
P. 19. *l.* 4. permet, *lisez* permettroit.
P. 56. *l.* 1. qui est-ce, *lisez* qu'est-ce.
P. 73. *l.* 9. s'opsant, *lisez* s'opposant.
P. 74. *l.* 18. proportionné, *lisez* proportionnée.
P. 79. *l.* 24. globle, *lisez* globe.
P. 81. *l.* 5. separees, *lisaz* separe.
P. 84. *l.* 21. en parties, *lisez* en partie.
P. 90. *l.* 26. figue, *lisez* figure.
P. 116. *l.* 25. projetté, *lisez* projettée.
P. 119. *l.* 18. moité, *lisez* moitié.
P. 132. *l.* 4. demie, *lisez* demi.
P. 173. *l.* 7. contract, *lisez* contact.
P. 176. *l.* 24. pesante, *lisez* pesantes.

Seconde Partie.

PAGE 24. *ligne* 16. rapporté, *lisez* rapportées.
P. 61. *l.* 3. les uns les autres, *lisez* les uns aux autres,

Page 120. *ligne* 19. l'on a, *lisez* l'on n'a.

P. 127. *l.* 9. donné, *lisez* donnés.

P. 157. *l.* 14. perdu, *lisez* perdus.

P. 157. *l.* 24. le, *lisez* se.

P. 158. *l.* 26. quand, *lisez* quant.

P. 165. *l.* 6. romp, *lisez* rompt.

P. 182. *l.* 8. créé, *lisez* créés.

P. 184. *l.* 7. desira, *lisez* desirât.

P. 184. *l.* 8. n'éprouva, *lisez* n'éprouvât.

P. 184. *l.* 14. les uns les autres, *lisez*, les uns aux autres.

P. 186. *l.* 1. créé, *lisez* créés.

P. 206. *l.* 27. reservé, *lisez* reservés.

P. 207. *l.* 20. méchans, *lisez* méchant.

P. 214. *l.* 13. reservé, *lisez* reservés.

P. 214. *l.* 13. predestiné, *lisez* predestinés.

P. 215. *l.* 13. excepté, *lisez* exceptés.

P. 217. *l.* 10. expliqué, *lisez* expliqués.

P. 224. *l.* 7. contractassent, *lisez* contrastassent

P. 225. *l.* 9. les uns les autres, *lisez* les uns aux autres.

P. 226. *l.* 12. renumeratrice, *lisez* remunératrice.

P. 227. *l.* 9. converti, *lisez* convertis.

P. 227. *l.* 17. quand, *lisez* quant.

P. 243. *l.* 10. précédé, *lisez* précédés.

P. 244. *l.* 27. enlevé, *lisez* enlevés.

P. 251. *l.* 18. attaqué, *lisez* attaquée.

P. 251. *l.* 21. opposé, *lisez* opposée.

P. 255. *l.* 15. placé, *lisez* placés.

P. 263. *l.* 8. plongé *lisez* plongés.

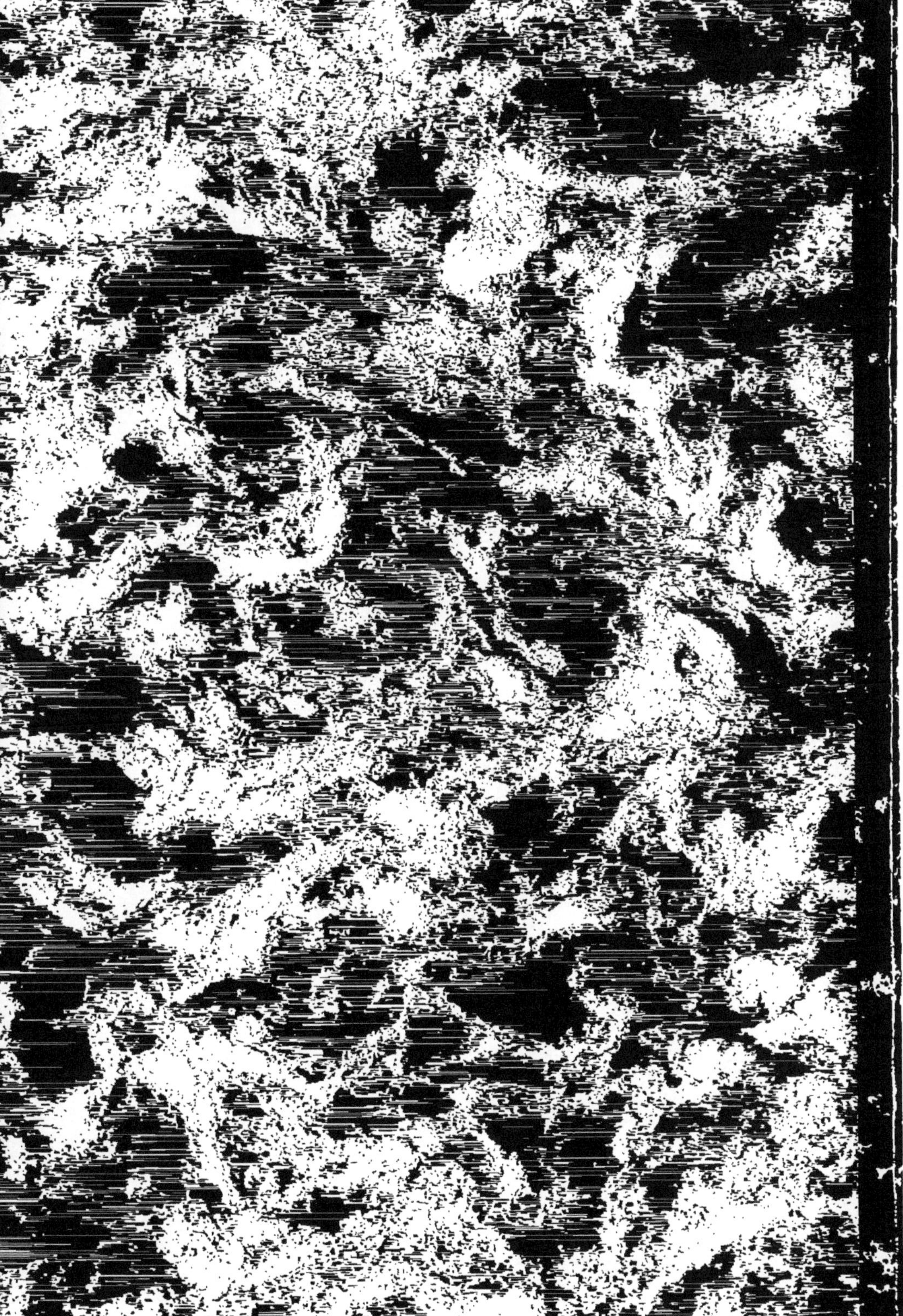

BIBLIOTHEQUE NATIONALE DE FRANCE
3 7531 03972569 3

www.ingramcontent.com/pod-product-compliance
Ingram Content Group UK Ltd.
Pitfield, Milton Keynes, MK11 3LW, UK
UKHW012046240726
13965UKWH00003B/1086